# ［〇〇〇×社労士］というスタイルが最高な理由 30

社会保険労務士 林 雄次 編著

# はしがき

　この本を手に取ってくださり、心から感謝します。

　この本は、主に社会保険労務士（以下「社労士」）として発展途上にある方の、「社労士としてどう生きればいいのだろう？」「私らしい"社労士スタイル"って何だろう？」といった悩みや疑問を解消するため、多くの社労士のご協力のもと、つくりました。

　かくいう私自身にも、開業の当初、世間からほとんど見向きもされず、このように思い悩んだ時期がありました。

　いま考えればそれもそのはずで、そもそも全国には4万5千人以上の社労士がいます（「社会保険労務士白書 2024年版」より）。社労士資格にプラスして、独自の特徴や個性、強みなどを明確にアピールしないと、依頼する側も選べないというものです。

### ◆ 社労士資格はなにかとのかけ合わせで輝く！

　この本を通じて私が伝えたいのは、社労士資格の持つ底知れない魅力です。

　そもそも社労士は、労働法や社会保険関連法にまつわる諸制度を扱う専門家であり、その業務は各種法律等の専門知識を活かして人や組織をサポートすることが基本となります。企業やそこで働く人々の「仕事に関する健康診断士」といえるかもしれません。

　社労士業務には申請手続代行など、一見地味で単調に思える部分もあります。しかし、その枠を飛び越えた先には、実にカラフルで刺激的な景色が広がるものです。経営者と直接向き合い、その企業の未来を一緒に考えたり、日々働く人たちの生活を支えたりという醍醐味があります。

　そのうえ社労士資格は、なにか他の要素とかけ合わされたとき

にこそ、その真価を発揮します。

　たとえば、ある社労士がITにも詳しいのであれば、労務管理のDX化というかたちで企業の力になることができます（IT×社労士）。医療業界や介護業界出身の社労士であれば、各種の医療・福祉制度にも精通していますから、年金相談など多くの局面でより個別具体的な助言ができることでしょう（福祉×社労士）。

　これが、この本がおすすめする［○○○×社労士］というスタイルです。

　社労士資格にかけ合わせる要素としては、実にさまざまなものが考えられます。どんな要素でも、かけ合わせることでシナジーを発揮できる可能性があります。

　わかりやすい例が、「税理士×社労士」「中小企業診断士×社労士」など、他の資格とのかけ合わせです。

　「登山×社労士」「ヨーヨー×社労士」などの個人的な趣味のかけ合わせには、一度見聞きしたら忘れがたい大きなインパクトがあります。

　「年金×社労士」「給与計算×社労士」のように、社労士業務の一部にすぎない要素であっても、そこに特化・一点集中し、自分の強みとして磨き上げたならば、話は別というものです。

　今回この本に登場するのは、自分にしかないスタイルを見つけ、その社労士道を邁進している30人です。

　上記例のほかにも、組織内でこそ輝く社労士や、他の事業との二刀流で成功している社労士、あるいは［○○○×社労士］というスタイルを商標登録しブランディングに活かしている社労士などなど……。みなそれぞれが独自のスタイルを持っており、いまなお模索し続けている方々です。

　法律の専門家として企業を支えることに特化した人もいれば、社会に貢献するための活動を行う人も、テクノロジーを駆使して

人事の未来をつくることに挑戦している人もいます。

　生き方・働き方はそれぞれ違いますが、みな社労士資格の魅力を最大限に引き出したうえで、型にとらわれない活躍や自己実現をしています。

### ◆ 正解のない時代を社労士として生きる

　現代は先行きの見えない時代です。

　人々の働き方やライフスタイルの多様化により、社労士も複雑な論点を整理し、問題を解決するプロフェッショナルとなることが求められるようになりました。

　またAIの普及やDXの進展によって一部の仕事が消えつつあり、一方で新たな仕事も登場しています。

　社労士業務においても、たとえば電子申請が主流となり、手続代行業務はどんどん簡略化されています。

　国家資格であり、業務独占資格である社労士資格も、いまや保有しているだけで食べていけるようなラクな時代ではありません。

　でも、私は思うのです。「正解がない時代だからこそ、自由に道を選び、自分だけのスタイルを追求できる」と。

　本書で紹介する30人の社労士は、まさに自分だけのスタイルを実践している人たちですが、決して、この30人のスタイルこそが正解、という趣旨ではありません。

　彼らはみな、「正解がないなら、自分で正解をつくればいい」といったマインドを持っているといえます。そのマインドこそが重要です。

### ◆ 社労士は最高！

　最後に、あえて言わせてください。「社労士サイコー！」と（本当に、そう思っています）。この言葉には、私自身が社労士と

して歩んできた誇りや充実感が詰まっています。

　社労士という仕事には、世の中を変える力があります。個々の会社や働く人を支えることで、社会全体の仕組みをよりよいものにする。それができるのが、社労士資格を持つあなたです。

　この本が、あなた自身のスタイルや生き方を確立するヒントとなり、社労士としての人生をさらに輝かせるものになることを心から願っています。さあ、一緒に「30 人の社労士」という多彩な世界を覗いてみましょう。あなたの新たな一歩を応援しています！

2025 年 1 月

編著者　林　雄次

# もくじ

## CHAPTER1　分野特化型社労士

**CASE 01**　藤内　秀樹 ……………………………… 002
年金にとことんこだわる社労士。

**CASE 02**　永井　知子 ……………………………… 007
外国人雇用・外資系企業を多方面からサポートして20年。

**CASE 03**　古川　天 ………………………………… 013
「給与計算しかできない」から「給与計算ができる」へ。

**CASE 04**　原　祐加 ………………………………… 019
徹底的に「聴く」を自身のスタイルに。

**CASE 05**　郡司　果林 ……………………………… 023
異業種経験の合わせ技からうまれたIT活用。

**CASE 06**　山本　武尊 ……………………………… 028
介護業界に貢献できる社労士を目指して。

**CASE 07**　近江　直樹 ……………………………… 034
「ライター×社労士」でオンリーワンへ。

## CHAPTER2　勤務型社労士

**CASE 08**　稲富　光平 ……………………………… 042
本業と副業のシナジーで描く、自分らしいキャリアの実現。

**CASE 09**　鶴岡　康幸 ……………………………… 047
社労士資格がもたらしたさまざまな場所での出会いと未来。

**CASE 10**　加藤　美衣 ……………………………… 053
労務の枠を飛び出せ！　何でもアリな組織内社労士。

**CASE 11**　中村　涼子 ……………………………… 059
社労士になって見えてきた、新たな可能性。

**CASE 12**　松原　熙隆 ……………………………… 064
事務所勤務から独立へ、業界経験約30年。

## CHAPTER3　二刀流型社労士

**CASE 13**　斉藤　梨絵 ……………………………… 072
就活から終活まで。あなたの心の声を聴きます。

**CASE 14**　菅野　満義 ……………………………… 078
ストック収入に魅せられた社労士。顧問料と家賃収入で安全経営！

**CASE 15**　吉田　泰子 ……………………………… 084
社労士と広報スキル。

| CASE ⟨16⟩ | 森田　舞 | 090 |

実務経験ゼロからの「複業」開業。

| CASE ⟨17⟩ | 中根　重宜 | 096 |

他の資格を活かして副業開業中。

| CASE ⟨18⟩ | 成岡　寛人 | 101 |

「売りたい」を「売る」に変えてくれた資格独占。

## CHAPTER4　資格かけ合わせ型社労士

| CASE ⟨19⟩ | 村谷　洋子 | 108 |

キラキラ輝く社労士へ～資格と経験の組み合わせで見つける自分らしい働き方～。

| CASE ⟨20⟩ | 宇田川　洋祐 | 113 |

「税務と労務の二刀流」をモットーに奮闘中。

| CASE ⟨21⟩ | 久保田　あきみ | 118 |

「社労士×ファイナンシャルプランナー」で、障害のある方とその家族の暮らしを守る！

| CASE ⟨22⟩ | 小野　拓真 | 123 |

二つの資格を活かした活動と今後の展望。

| CASE ⟨23⟩ | 海老澤　浩史 | 127 |

「会社経営＋社労士＋独立型社会福祉士」という働き方。

**CASE 24** 林　雄次 ……………………………… 132
幅広く「資格」を仕事に。

## CHAPTER5　自己プロデュース型社労士

**CASE 25** 安　紗弥香 ……………………………… 142
自分の「強み」を関わる人の「想い」に変える。

**CASE 26** ado ……………………………………… 149
SNSで響くネーミングの秘訣。

**CASE 27** 髙木　明香 ……………………………… 155
山にいるときが素の私。好きを追求することで、好きに役立ち、好きが際立つ！

**CASE 28** 五十川　将史 ……………………………… 161
「普通の社労士」から「ハローワーク採用専門社労士」へ。

**CASE 29** 竿下　延日呂 ……………………………… 165
「あんぜん社労士」が生まれた理由と目指す未来〜夢をあきらめない〜。

**CASE 30** 飯塚　知世 ……………………………… 171
エンタメとヨーヨーが繋ぐ社労士のキャリア。

# CHAPTER 1
## 分野特化型社労士

得意を活かす！　強みを伸ばす！

CASE 01 〜 CASE 07

**分野特化型** **社労士×年金特化**

# 年金にとことんこだわる社労士。

## CASE 01　藤内　秀樹

「社労士は『公的年金に関する唯一の国家資格者』」。
　これは、全国社会保険労務士会連合会の Web ページに記載されている一文（抜粋）です。社労士が公的年金の分野で持つ重要な役割を表しています。
　そして私は、年金にこだわりを持って活動している社労士です。

### ✓ 年金相談との出会い

　私が年金に興味を持ったのは、前職である郵便局での仕事がきっかけでした。当時、ゆうちょのお客様向けに年金相談会が開かれており、私はその対応に携わりました。年金に関する知識はほとんどありませんでしたので、これを機に学び始めました。そして、年金制度が老後の生活を支える非常に重要な仕組みであり、一方で多くの人がその内容を理解していないことに気づかされました。
　実際に、チラシで簡単な注意喚起をされただけで、「年金がもらえない」と思いこんでいた人が受給できるようになった例もあり、私は衝撃を受けました。「知識がないと、知らず知らずに損をすることにもなりかねない。関わる人のためにも、自分のためにも、もっと勉強を重ねたい」と思うようになりました。
　その年金相談会には、社労士の方がアドバイザーとして招かれ

ていました。私が初めてリアルに目にした「社労士」は、「年金に詳しい、年金の専門家」だったのです。

以上のような年金相談の経験を通じ、年金分野により専門的に関わりたいとの思いから、私も社労士資格の取得を目指しました。受験は苦難の連続で、選択式の労一が1点足りないという結果が3回続いたこともありましたが、年金への関心が勉強を続けるエネルギーとなり、合格することができました。

## ✓ 年金社労士の道に進むまで

合格後は、社労士同士の交流の場に積極的に参加しました。私は沖縄県在住ですが、県外にもよく出かけました。今後のためにさまざまな情報を得たかったですし、何より、Twitter（当時。現X）で繋がっていた方々とリアルの場で交流したかったからです。

そのようにして初めてお会いする社労士の方々とお話しするなかで、「年金は苦手なんだよね」や「うちでは年金業務は扱っていないんだよね」という言葉を、まるで枕詞のように付け加える方に多く出会いました。実務において、年金は決して王道ではなく、むしろマイナーなのだと当時の私は気づかされました。

一般に社労士は、労務を取り扱う士業として認知されており、実際に多くの事務所が労務関連業務を中心に展開しています。

私は合格後にすぐ開業したわけではないのですが、「労務を軸としないと事務所開業は難しいかもしれない」「マイナーな年金業務は事業としてのモデルケースに乏しい」という悩みがあったことも、開業をためらっていた一因としてありました。

そのような中、2021年の秋頃、年金の「マクロ経済スライドの調整期間の一致」が話題になりました。これは、誰もがいつかは受給する基礎年金の給付水準の低下を防ぐための重要な検討課題のひとつなのですが、巷間では悪いイメージが誇張されて広ま

り、Twitterが大荒れになるなどしていました。

　そこで私は、この件について厚生労働省が掲載していた資料を読み込み、解説記事としてブログ（＊1）で公開しました。するとこの反響は大きく、それまで交流のない方々からも「誤解していたことがわかった」「年金はやはり奥が深い」と、多くの感想が寄せられたのです。私は一次情報をしっかり押さえ、それをわかりやすく伝えることの重要性を痛感しました。ファクトチェックはあらゆる分野で大切ですが、年金は特にそれが顕著といえます。

　この一件から、「界隈の社労士で年金といえば……」というとき、私の名前を挙げていただくことが増えました。たった一つのブログ記事が、図らずも自分の社労士としてのブランドを高めるきっかけになったのです。

　同時に、「年金で役に立てることはある！」との確信も得ました。他者との交流や情報発信によって、自分の特徴・個性などの輪郭がより鮮明になりました。

### ✓ 開業から現在まで

　2022年の開業から現在まで、年金事務所で行政協力をしています。わずか2年半ですが、約2,400件の相談を経験しました。老齢年金・障害年金・遺族年金の各給付について幅広く取り扱い、知識が大きく深まったと実感しています。書籍では知ることができない、現場の実務上の取扱いについて、日々貴重な学びがあります。また、統計上のデータでは見えてこない、さまざまな層の方々の考え方や反応を見聞きする機会もあります。

　行政協力は開業当初から安定した収入が得られる点もありがたいですね。生活を維持しながら実務経験を積むという意味で、私にとって社労士事務所への就職と似た効果があります。

　社労士事務所としては、個人の方の年金相談や障害年金の業務

も取り扱っています。障害年金については、行政協力に携わるなかで社労士がサポートする重要性に気づかされました。無償で幅広く手続きの機会を提供できる場も、有償でよりきめ細やかな対応が実現できる場も、どちらも世の中に必要なものです。

ブログから仕事に繋がったこともあります。記事を読んでくださった出版社の方からご連絡があり、年金を学ぶための教材の制作に協力することになったのです。教材は法改正等を反映して毎年改定されるものなので、継続的な仕事になっています。何かしら行動や発信をしていると、思わぬ仕事に繋がることもあるようです。

このほか、年金に関する勉強会やセミナー等の講師を務める機会もあります。私はひたすら年金オタクを突き進んでいるだけですが、周りの方々がいろいろと気にかけてくださり、紹介や企画などをしてくださることも多く、感謝しかありません。

## ✔ これからやりたいこと

今後も社会保障制度は、時代に合わせて変化していくことでしょう。

例を挙げると、社会保険の適用拡大についてはさらなる範囲の拡大がすでに検討されています。社労士が社会保険の面で頼りにされることも増えると想像できます。そんなときに、適切な情報提供やサポートを、自分のお客様だけでなく社労士の方々向けにもできる存在になっていたいです。

また、実務で得た情報を政策側に伝えることにも取り組んでいきたいです。社会保障審議会の年金委員の先生からヒアリングの場を設けていただくこともあるのですが、そのような機会に現場の実情を届けていくつもりです。

## ✅ メッセージ

　士業の道を歩んでみると、会社員時代とはまた違った意味で、人間関係がとても大切と感じます。

　社労士試験に合格して人間関係の輪が大きく広がった結果、よい影響を受けています。素敵な方がたくさんいらっしゃる業界だと感じますし、仕事の面でもお力添えをいただくことが多くあります。特に、合格後から開業初期にかけてのまっさらな時期にできたご縁は宝です！

　あなたにも、よいめぐり合わせがありますように。

### 藤内　秀樹（ふじうち　ひでき）

あおうみ社労士事務所 代表
1977年生まれ、愛媛県松山市出身。
20代前半で沖縄に移住。現地で就職した郵便局会社（現：日本郵便株式会社）において年金相談会の開催を経験。年金制度に興味を持ったことから2018年に社労士資格を取得。社内研修の講師を担当し、年金アドバイザー3級試験で団体最優秀賞と個人優秀賞をW受賞。
2022年2月より沖縄県那覇市で開業。行政協力で年金事務所の相談員を務める傍ら、年金相談や障害年金請求代行、セミナー講師等を通じて、安心・納得の年金受給のサポートに尽力。

＊1　ブログ
https://sharoucchee.com

**分野特化型** 社労士 × 外国人雇用・外資系企業

# 外国人雇用・外資系企業を
# 多方面からサポートして20年。
## CASE 02　永井　知子

### ✓ 実務経験に役立った英語のスキル

　社労士になる前は、紆余曲折がありました。英会話学校のマネージャーや、短期ですが海外留学も経験しました。帰国後は、外資系のソフトウェア開発会社でカスタマーサービスを担当しながらも、一生続けられる専門的な仕事を探していました。

　そんな中、夫に勧められたのが社労士でした。恥ずかしながら、それまで社労士という資格を知らなかったのですが、もともと労働法や社会保険制度などに興味があったので、すぐに資格学校の講座を申し込みました。

　試験には2004年、3回目の受験で合格しました。合格の頃には、実務経験をつけるための転職を考えるようになっていました。社労士は日本特有の資格だから、もう英語のスキルは活かせないとも考えていました。しかし実際には、求人を探してみたところ英語対応を必要とするポジションもあり、実務がほとんど未経験だったにもかかわらず、ありがたいことに複数の事務所から内定をいただくこととなりました。

　その中から、外資系企業のクライアントを多く持つ事務所に就職を決めた私は、クライアント先である外資系企業の人事部に常駐することになりました。その業務内容は、外国人を含む従業員からの労務に関する問合せ対応、社会保険の事務手続、給与計算

のデータチェック等でした。従業員数1,500人を超える規模で、外国人や外資系企業特有の知識も必要でした。業務量・内容ともにハードな日々でしたが、外国人従業員の方々と英語でやりとりを重ねた経験が、今の仕事に繋がっています。

### ✅ 自主研究会「国際労務研究会」から始まった執筆の仕事

東京都社労士会に登録して間もなく、同じ社労士の知合いを増やすことと、自身のスキルアップを目的に、「国際労務研究会」という自主研究会に入会しました。メンバーに海外赴任経験のある方や、外資系企業での勤務経験がある方等が多かったことが、入会の決め手となりました。

今でこそ、外国人雇用や海外赴任に関する実務本もたくさん出版されていますが、20年前の当時は数えるほどしか出ていませんでした。例えば、「海外赴任する従業員の標準報酬月額の対象となる報酬には海外の会社から支払われる給与も含まれるか」という問題について、(2014年に年金機構からリーフレットが出てはいますが)私が社労士になった当初は公的な資料が全く存在せず、年金事務所に電話等で問い合わせるほかありませんでした。しかも、いざ年金事務所に問い合わせても、地域や電話に出た担当者によって見解がバラバラなこともよくあり、判断に困った社労士や人事担当者が当時は多かったと記憶しています。そんな時代に、国際労務研究会でメンバーのみなさんの事例や見解を聞けたのは、大変ありがたかったです。

国際労務研究会の勉強会は、メンバーが順番に自分の興味があるトピックについて発表するスタイルを取っていました。私は自分の順番にて、日頃の業務で得た知識・経験を基に、「従業員の海外赴任に伴う社会保険事務と給与計算の留意点」というテーマで発表しました。これは思いのほか好評で、あるメンバーから「出版社に電話して売り込むといいですよ」とまで言われました。

この言葉を真に受けた私は、出版社（日本法令）の編集部にメールをしたところ、それから数日後、編集部から月刊ビジネスガイドへの執筆を依頼され、逆に驚いてしまいました。2007年、まだ社労士登録して2年くらいのことです。

社労士としては駆け出しだった私が専門誌での執筆の機会を得ることができたのも、海外赴任の給与・社会保険という、ほかではあまりない分野の情報を提供できたからといえます。

この執筆をきっかけとして、同誌では「海外赴任の給与・社保」「外国人雇用」「給与計算」等々のテーマでの執筆機会に恵まれ、書籍の執筆・出版やセミナーの講師の経験にも繋がりました。

### ✔ 外国人技能実習制度と育成就労制度

2017年頃からは、外国人技能実習制度に関わる業務も増えました。具体的には、外国人技能実習生の受入れ団体向けに制度や法令の説明をする講習会の講師、技能実習生向けに日本の法令を説明する講習会の講師、監理団体（外国人技能実習制度の支援団体）の外部監査人、等々です。

外国人技能実習制度にまつわる仕事では、企業に対して労務管理の指導をすることも多く、労働基準法の知識が役立ちます。また、賃金台帳のチェックをする機会も多いため、給与計算の知識・経験がある社労士に向いていると感じています。

2018年には、Facebookグループ「外国人技能実習の会」を立ち上げました。4,000人超のメンバーの中には業界のベテランもおり、政府HPには掲載されていない現場事情や、技能実習制度にまつわる事件の報道されない部分について個人的に教えていただくこともあります。技能実習にまつわるトラブルについて、一般には企業側に問題があると思われがちですが、技能実習生側に原因があるケースもあります。公表される情報だけが真実ではありませんから、断片的な報道や公表内容を鵜呑みにするのでは

なく、その背景や事情を常に考える姿勢の大切さを実感する場ともなっています。

　周知のとおり、外国人技能実習制度は将来的に廃止され、2027年からは育成就労制度が始まります。また特定技能外国人もここ数年で急増しています。外国人労働者を取り巻く状況の変化に今後も対応し、引き続き情報発信をしながら労務管理のサポートを続けたいと考えています。

### ✅ 英語対応で感じる専門家のアドバイスの重要性

　ご依頼により、英文雇用契約書や英文就業規則の作成もしています。

　当たり前のようですが、翻訳においては、外国人経営者や外国人労働者にとって理解しやすいことがもっとも大切です。例えば、労働者災害補償保険法は、法務省のサイトではIndustrial Accident Compensation Insurance Actとされていますが、アメリカ系外資系企業ではWorkers' Compensationの方が伝わりやすいのです。このような場合、どの表現を用いるのか、依頼者と相談しながら翻訳をしています。

　また2024年からは、ベンチャー企業や海外からの進出企業等の労務管理をサポートする相談窓口の仕事もしています。

　外国人労働者から英語で相談を受けることもあり、主にZoomやメール、電話等で対応しています。

　外国人労働者は、知人・友人と情報交換をしている方も少なくありません。「会社のこの対応はおかしいと友達に言われた」と相談されることもありますが、実はその友達の意見が間違っていることも多々あります。いまは外国語対応可能で、無料で利用できる相談窓口もありますから、ぜひ正しい情報を入手してほしいと思っています。

## ✅ これからの2つの目標

　2004年に社労士となってから、あっという間に20年が経ちました。外国人雇用を専門とする士業の方もかなり増えるなか、私は外国人技能実習制度や特定技能外国人の対応だけではなく、英文就業規則や英文雇用契約書の対応、外国人に多い給与計算・年末調整での留意点の情報提供等にも力を入れています。

　先日、社労士会での外国人雇用をテーマにした研修会で、租税条約や非居住者税率、定額減税・年末調整等の外国人労働者特有の給与計算関連の留意点にも触れたところ、多くの高評価が寄せられました。給与計算・年末調整は日頃の社労士実務に直結する内容ですから、一般的な外国人雇用セミナーでも留意点としてお伝えしていきたいと思います。

　その他、現在気になっているのが、越境テレワーク（国境を越えたテレワーク）での給与計算・社会保険の取扱いです。海外での勤務というと、社会保険の資格継続の有無や標準報酬対象となる報酬の判断、源泉所得税の実務等が気になるところですが、海外赴任の給与計算・社会保険の取扱いの知識があれば、状況整理がしやすくなります。越境テレワークについても現状では公的な資料や、きちんと解説している記事等が少ないですから、自分自身も勉強を続け、正しい情報発信ができればと考えています。

　20年経っても、自分は相変わらず未完成だと思いますが、社労士でいる限り勉強は欠かせません。体調管理に配慮しながらも、これからもがんばっていきたいと思います。

## 永井　知子（ながい　ともこ）

青山学院大学大学院法学研究科 ビジネス法務専攻 修士課程修了。

イギリスで語学留学後、外資系企業に勤務しながら社会保険労務士の資格を取得し、登録後は外資系企業の人事部やアウトソーシング会社にて10年以上勤務。

登録直後から海外赴任に伴う給与計算・社会保険事務、外国人の労務管理について専門誌で多数執筆し、セミナー講師も担当する。開業後は外国人技能実習制度に関する講師をはじめ、外国人技能実習制度の監理団体の外部監査人の業務等を数多く担当。

共著『外国人雇用 書式・手続マニュアル』（日本法令、2000）では、企画立案から執筆まで中心的な役割を担当。

2022～2023年は外国人技能実習機構の委託事業のセミナー講師も担当した。英文雇用契約書・英文就業規則の作成・見直し、労働者向けに英語での労務相談対応なども行う。日頃の業務では、外資系企業勤務や給与計算の知識・経験を活かした実務的な指導を心掛けている。

分野特化型 社労士×給与計算特化

# 「給与計算しかできない」から「給与計算ができる」へ。

## CASE 03　古川　天

### ✓ 専業主婦からのリスタート

　平成16年11月。3年半の専業主婦時代の後たどり着いた就業場所が、社労士事務所でした。父が行政書士なので、「士業」には馴染みもありました。前職を退職した後も、パートさんたちからいわば労働相談のような連絡をたびたびもらっていたこともあって、社労士という資格に興味がありましたが、その仕事内容がそもそも自分に合っているか不安だったこともあり、資格を取得する前に社労士事務所で働いてみることにしたのでした。時給700円（当時の新潟県最低賃金は642円）、事務職未経験者・社労士無資格者として、事務所での勤務がスタートしました。

　いざ働き始めると、自分のパソコンスキルのなさに泣きたくなりました。さらに、それまでお客様とメールや電話をした経験に乏しく、ビジネスマナーも身についていませんでした。上司からは「古川さんのメールは用件しかなく、冷たく感じる。もう少し丁寧な表現を心がけてください」と注意され、自分の不甲斐なさを痛感しました。

　そこで、上司やお客様、同僚に注意されたことをノートに毎日書くことにしました。「ミスノート」と名前をつけ、いつ／誰に／どのような理由で／どんな風に／注意された、ということを事実として記録していくことにしたのです。上司からは毎日のよ

うに注意され、同僚からも「今日こそ退職届を提出するのではないか」などと心配されていたようですが、わたし自身はできないのだから注意されて当然と思っていました。

1年後、「ミスノート」にミスを記録することはほとんどなくなっていました。それでも過去のミスを繰り返さないためにも、毎日ノートを開いて読んでいました（後日談になりますが、このときの経験を礎とし、現在の事務所では「例に学ぶ～再びミスをしないために」というSlackチャンネルを設けています。毎日必ず見るチャンネルに設定し、毎日職員たちのヒヤリハット含めたミスを、過去にさかのぼって確認しています）。

### ✓ 給与計算アウトソーシング会社に就職

平成18年11月、3度目の挑戦で、社労士試験に合格しました。前年の試験では1点足りずとても悔しかったので、この年で受験は最後にするつもりで猛勉強しました。

合格後すぐに社労士登録を行い、勤務社労士となりました。そのまま勤務を続ける選択肢もありましたが、①自宅から職場まで車で30分以上かかること、②昇給しても新卒時の給与水準には届かなかったこと、③妊娠出産を考える年齢になっていたこと、など複数の理由から、その社労士事務所を退職することにしました。幸い、自宅から徒歩10分程度のところにあった給与計算アウトソーシング・経理記帳代行の会社が求人をしており、応募条件が社労士資格保有者であり、さらに給与も新卒時の給与水準を上回っていたため、その会社に転職しました。残業はほぼなく、退勤後に不妊治療のための通院も可能という、恵まれた環境でした。

この会社では毎日、給与計算を行っていました。それまで社労士事務所で社会保険・労働保険手続きと並行して給与計算を行っていたので、随時改定が正しいか、年齢到達による各手続きは行

われているのかなどを考えながら計算するようになっていました。
　またこの会社では、社労士の登録種別をその他登録としていたこともあって社労士として働いている実感に乏しく、「法律どおり正しい給与計算」を行うことが最も重要という方針で業務にあたりました。
　そのうち、この会社の100社以上のグループ会社について、給与計算を通じた課題提案を各社に行うようになりました。ただ、課題を解決するためにはグループ全体で動かなければならないことや、投資家の考えなどさまざまな障壁があり、グループ内の1社に勤務する一介の社員の提案が通ることは、きわめて稀でした。
　「ここをこう変えたらもっと労働環境が改善されるのに」という思いが日増しに強くなった私は、平成25年、独立開業を決意しました。

### ✅ 人見知りの営業方法

　開業当初は、会社員との二足の草鞋でした。毎週火曜日の午前中に有給休暇を取得し、異業種交流会に参加していました。毎週「社労士」として自己紹介のプレゼンを1分するのですが、もともと人見知りのためうまく自己紹介ができませんでした。さらに社労士事務所での経験は2年半程度だったため胸を張って「お任せください」と言い切る自信もありませんでした。何ができるだろう、と自問自答の繰り返しでした。
　あるとき、先輩社労士の方と偶然お会いした際、「わたしは社労士として何もできない。給与計算くらいしかできません」と悩みを打ち明けたところ、「給与計算しかできないって言うけど、給与計算をやる社労士は少ないから、『給与計算できる！』ってアピールしたらどう？」とアドバイスをいただきました。給与計算は誰でもできるものだと思っていた私にとって、この言葉は半信半疑でしたが、やれることは給与計算しかないのだからと、半

ば開き直り、アドバイスのとおり「社会保険労務士の古川です。給与計算でお困りの方、ご相談ください」と自己アピールしてみました。反応はまったくありません。それもそのはずで、わたし自身が「給与計算は誰でもできる」と思っていたように、聞き手側も「給与計算は誰でもできる、なぜ社労士に依頼する必要があるのか」と感じたはずです。

そこで、「給与計算を税理士さんに依頼している会社をご存じでしたら、ご紹介ください。給与は労働の対価を計算するものです。労働時間の集計、残業代の計算、諸手当の設定などは、実は社労士の専門分野です。社労士以外が計算すると間違いやすく、さらに残業代未払いなど大きなトラブルに発展する可能性もあります。そのような会社があれば、ぜひ社労士の古川をご紹介ください」というように伝え方を変えてみました。さらに、給与計算業務を10年近くやってきたこと、数百社の計算に関与してきたことなど、実績もアピールしました。人に覚えてもらいやすいよう、あまり専門的なことは言わないことにしました。

すると、「古川さんは給与計算以外にどんな仕事を頼めるの？」という問合せが、少しずつ増えていきました。まずはわたしを認知してもらうことの大切さを学んだのでした。

### ✓ 社労士向け給与計算勉強会

このほかにも、開業当時は多くの先輩社労士の方々から、有益なアドバイスをいただきました。その一つが、「定期的に給与計算勉強会を開いてみてはどうか？」というアドバイスでした。その先輩社労士の方からは会場までお借りすることができ、まだ売上もなかった私はとても助かりました。

この給与計算勉強会は、隔月開催で、一つのテーマを参加者でディスカッションする形式としました。参加者は毎回10人〜20人くらいでしたが、繰り返しご参加の方も多く、この経験があっ

たおかげで「給与計算ができる」と言えるようになったと思っています。はじめて3年後あたりから、給与計算セミナーのご依頼をいただくことも増えていきました。

なお、コロナ禍においては対面での勉強会実施が難しく、オンラインでこの給与計算勉強会を行いました。全国の悩める給与計算担当者の方々と繋がることができました。あらためて給与計算の難しさ、専門性、労働法との密接な関わり等を実感する機会となりました。

### ✅ 給与計算業務から読み取れる人事・労務の実務課題の提示

給与計算を行うには、少なくとも10以上の法令の知識が必要です。さらにその会社の人事制度と賃金規程も正しく把握しなければなりません。給与日に間に合うよう進めなければならないうえ、正確性も求められます。専門性が高く、高度な業務といえます。

また、法律、判例、解釈などと照らしてみることで、給与計算業務から人事労務の実務課題が見えてくることがあります。

2020年9月に人材版伊藤レポートが公表されたことをきっかけに、人事労務の世界が大きく変わり始めました。給与計算のデータがまさに、会社の経営課題を解決する手がかりとなり得る時代です。男女賃金差、転職率（労働移動）、有給休暇消化率、男性育児休業取得率、女性管理職の割合……。給与計算業務を通じて、多方面での人事課題が見えてきます。この課題解決に伴走できることが、社労士としての醍醐味だと思っています。

### ✅ 「何もできない」人はいない

わたしは社労士として何ができるか全くわからないまま開業しました。周りの方々からアドバイスをいただき、手探りながら進んできました。自分にはたまたま給与計算アウトソーシング会

社での勤務経験がありましたので、給与計算業務をアピールすることとなりましたが、どんな経験でも活かせるのが社労士だと思います。

なにもできない人などいません。かつてのわたしのように、自分の可能性がわからない方は、ぜひ周囲に自分の経験を話すところからはじめてみてください。これまでの経験には、必ず誰かが必要としている知識・知恵が詰まっていることでしょう。

**古川　天**（ふるかわ　ひかり）

新潟県出身。3年半の専業主婦経験を経て、事務経験・社労士資格なしで社労士事務所に勤務する。2006年社労士試験に合格、同年社労士登録をする。経理記帳代行・給与計算アウトソーシング会社勤務を経て2013年東京日本橋にて独立開業する。これまで関与した給与計算は300社以上。給与計算を通した人事労務の課題解決を得意としている。

2021年10月よりX（旧Twitter）にて平日午前8時10分〜20分まで「社労士労働実務事例研究会（社実研）」を配信し、オンラインサロンを運営している。

**分野特化型** 　**社労士 × キャリコン × 傾聴力**

# 徹底的に「聴く」を自身のスタイルに。

## CASE 04　　原　祐加

### ✓ 社労士としてのスタート

　私が社労士の受験を目指したのは、2011年のことです。何か資格を取れば働くのに有利ではないかという気持ちがあったことや、兄が社労士として大阪で開業していたことがきっかけでした。また大学生時代は法学部で法律を学び、多くの法律を勉強することへの興味があったことも、受験を後押しする要素でした。

　社労士試験の受験生時代は、まだ子供が小さかったこともあり、予備校に通うことはせず、購入したテキストを読み過去問題集をひたすら解き続けました。自分の実力を知るため模試も受けましたが、これも会場受験は断念し、自宅受験でした。理想は時間をはかりながら問題にあたりたかったものの、育児の都合でそれすらできず、そのまま試験当日を迎えました。

　結果、2012年に無事合格できましたが、当時は社労士事務所の求人がありませんでしたので、当初の見込みと異なり、不安な日々が続きました。

### ✓ 事務所勤務時代に積んだ経験値

　そんな中、ありがたいことに地元の社労士事務所からお声がかかり、アルバイトで手続きのお手伝いをするようになりました。

　当初は年度更新や算定基礎など、年に1回の手続きだけのア

ルバイトでしたが、その後も継続したいと強く希望をし、気づけば入退社の手続き、労災、年金の裁定請求、労働保険事務組合の事務全般など、手続全般に携わるまでになりました。おそらくこの数年間で数万件はこなしていたかと思います。ときには労務相談もほぼ一人で受けることもありました。

このときの膨大な数の業務・案件をこなすことができた経験は、現在の得意分野である「対話を重視した労務相談業務」に、間違いなく活きています。

### ✅ コネクション・プラクティスとの出会い

労務相談業務の経験が増えるにつれ、法律・法令の知識のみで相談にあたることに疑問を感じるようになりました。相談相手が経営者でも従業員でも、その人の内面にあるなにか大切なもの、心の奥底に触れる瞬間が訪れることがあります。そのようなとき、社労士としてどのように接するべきなのかという悩みが生じたのです。

そんな折、キャリアコンサルタントのある講座における「コネクション・プラクティス」というコミュニケーションスキルのトレーナーとの出会いが、私の社労士としてのスタンスに大きな影響を与えました。

コネクション・プラクティスとは、自分が何を大切にしているのか、そして相手が何を大切にしているのか、その双方に丁寧に繋がっていくコミュニケーションのスキルです。

えてして人は、感情の沸き起こる原因が目の前の相手の言動によるものだと思ってしまいがちですが、コネクション・プラクティスを学ぶことで、自分の感情の奥にある大切な価値観が何かという気付きを得られ、同様に相手が持つ価値観を尊重できるようになります。

私は主に経営者の方からの労務相談において、このコネク

ション・プラクティスのスキルを用いるようにしたところ、経営者のみなさんが自覚していない価値観を言語化させてあげられるようになり、その言語化できた価値観を従業員に伝えましょうとお伝えするようになりました。

### ✔ 唯一のコネクション・プラクティスのトレーナー社労士に

　新しい労務相談スタイルに手ごたえを感じた私は、コネクション・プラクティスを伝えるトレーナーの認定コースおよび試験を受け、合格しました。この原稿を書いている時点で、社労士として仕事をしながら、コネクション・プラクティスのトレーナーとして活動しているのは、世界で私一人です。私はこれをたいへん名誉なことだと捉えています。

　人事・労務の専門家として、数々の手続きや労働相談業務を行ってきた私ですが、人の感情に焦点をあてたコミュニケーションスキルに出会ったことで、自身のスタンスを確立させることができました。

　名刺にもコネクション・プラクティス認定トレーナーの肩書き書くことで、興味を持っていただけることが少しずつ増えてきました。

### ✔ 今後のこと

　現在、社労士の資格を取ってよかったと、日々実感しています。給与計算、社会保険・労働保険の手続き、労働法、安全衛生……と、社労士により得意分野は分かれるものですが、どの分野においてもご依頼の方に全力でお応えする、とても素敵な仕事だといえます。私自身は、コネクション・プラクティスやキャリアコンサルタントとしての「聴く力」と社労士の知識をかけ合わせて、仕事を続けていきたいと思っています。

　この「聴く力」を体得するには訓練も必要ですし、学びもまだ

まだ足りていません。この点、自分にとって今後の課題だとも感じています。

　私と「聴く力」（傾聴すること）を重視している社労士の方、またコネクション・プラクティスに興味を持ってくださった社労士の方と、いっしょに学ぶ機会がありましたら幸いです。

## 原　祐加（はら　ゆか）

社会保険労務士事務所キャリア・アヴニール 代表
社会保険労務士、キャリアコンサルタント
コネクション・プラクティス認定トレーナー
奈良県生まれ。大阪市立大学（現・大阪公立大学）法学部卒。
専業主婦の間に社労士試験に挑戦し合格。その後は10年の社労士法人勤務を経て、令和6年8月、奈良県橿原市にて独立開業。
労働問題の相談や解決への実績多数。社会保険や労働保険関係における各種の手続きや労働保険事務組合の事務についても経験を有し、それを活かした多方面の相談業務を行っている。
大学での法学部での法律の学びを活かし、法律およびコネクション・プラクティスにおける心理面での融合による労働相談や研修を提供している。

**分野特化型** **社労士×IT**

# 異業種経験の合わせ技からうまれたIT活用。

## CASE 05　郡司　果林

　「ITに強い社会保険労務士。芸術学部卒、元SE（システムエンジニア）、IT企業人事、元労働基準監督署相談員、クラウド導入に強い」。私についてお声かけいただくキーワードとしては、このようなものが多いように思います。

　決して理系学生だったわけでもなく、法学部出身だったわけでもない自分が、「ITに強い社労士」として仕事をさせていただいているなんて、本当に想定外の人生といえ、感謝するばかりです。

### ✅ 「未経験からのチャレンジ」の繰り返し

　そもそもSEを目指したのは、「PCが使えなかったから」でした。貧乏学生だった私は、「PCを使える」ということに憧れを抱き、SEになればよいと考えたのです。このような動機であったにもかかわらず、ありがたいことにSEの職に就くこととなりました。未経験からのシステム開発は大変でしたが、楽しかったです。しかし残念ながら、長時間労働が続いて心身ともに疲弊してしまい、キャリアチェンジを目指し退職することにしました。

　退職にともなう年金や健康保険の手続きなどを自分で行うにつれ、「世の中にはこんな仕組みがあるのか」と感じていた折、出会ったのが社労士資格でした。ちょうど自分の無知さを痛感していたこともあり、「次はこれをやってみよう！」と勉強を始めました。

### ✅ IT企業の人事担当として社内業務を電子化

　社労士試験に合格した後は、IT企業の人事担当として、自社の労務管理に携わることとなりました。
　そこで行ったのが「業務の電子化」でした。
　その会社では、入退社の手続き、給与計算等は全て自社で行っていたのですが、社内の処理は全て「紙」だったのです。おっちょこちょいな私は、紙を扱うことがとても苦手だったため、もともとITを活用した作業に慣れ親しんでいたことを活かし、社内の業務を少しずつ電子化していきました。賃金台帳作成、給与計算と勤怠管理システム導入、電子申請導入、などなど……。
　気がつけば、主たる業務であった「給与計算」「入退社手続」にかかる時間が大幅に削減され、空いた時間で、就業規則のメンテナンス、安全衛生管理体制の構築等、「人にまつわる業務」をどんどん前に進めることができるようにまでなっていたのです。

### ✅ 開業を志す

　当初は「働く人の役に立ちたい」という気持ちが強く、開業する気は全くありませんでした。
　それが変わったきっかけは、ある社労士法人代表の「従業員を幸せにするにはまず事業主の立場に立たなければならない」という言葉でした。それまでの自分の考えとは真逆の言葉で、衝撃を受けたことを覚えています（今ではこの言葉の意味がよくわかります）。
　その頃、法改正の情報を追ううちに、開業社労士の勉強会などに参加する機会が増えていきました。そこで出会う方々が非常に魅力的で、だんだんその人たちに憧れるようになっていきました。
　今後の人生を考える中で、徐々に「人が幸せに生きるための環境をつくりたい」という想いが強くなってきたとき、それを実現

する手段として開業を選んだのは、その当時出会った先生方が魅力的だったからにほかなりません。

こうして、事務所勤務の経験もないまま、「未経験からいきなり開業」をすることとなりました。

### ✓ 開業からクラウド活用へ

開業して間もなく、労働基準監督署の相談員の仕事に就きました。

それまでIT業界しか知らなかったので、アナログでどろどろの労務相談の現場（と当時は思っていた）を知りたかったからです。ここで、解雇やパワハラなどの問題は言うまでもなく、想定以上に未払賃金にまつわる給与計算や労働時間管理に関する問題に数多く出会うこととなりました。このときに多くの労働時間管理のパターンを学んだ経験が、後に勤怠管理システムを設定する際に大きく役に立つこととなります。

業務にクラウドを活用したのは、開業当初からでした。子供が小さかったこともあり、作業場所が限定される働き方ができなかったからです（家、事務所、外出先で作業が必要）。

提供するサービスとしては、システム活用で給与計算を楽にできるような仕組みを作れないかと考えていました。自分が人事担当だったときに、システム導入で自分の作業が大きく楽になった経験があったからです。

その後ご縁があり、ある会社の勤怠管理と給与計算システムの設定代行を行うことになったのですが、やってみて痛感したのは、システム導入の前に、設定のルールとなる「就業規則や働き方の整備」が重要である、ということでした。ルールが決まっていないと、システム設定はできないからです。

そこで、その会社ではどんな働き方が求められるのか、それを実現するにはフレックスタイム制がよいのか1か月単位の変形

労働時間制がよいのか、といった運用を徹底的に分析しました。

これらの経験から「システム導入を見据えたルールの整備」の支援が必要だと痛感し、サポートを手がけていくことになりました。

### ✅ 現在とこれから

現在はシステム導入を想定した労働時間管理や働き方の整理、これらを含めた就業規則の提案、IT業界の労務管理……というところでのお問合せ対応および支援が多いです。

とはいえ、きっかけは「IT」「勤怠管理」「クラウド」というようなキーワードであっても、その後も関係が継続するお客様からいただく言葉として多いのは、業務の専門性やレスポンス等の基本のサービスに関すること、お客様との関わり方の姿勢などに関する部分です。

システム設定は「作業」ではありません。お客様の見えない課題を引き出し、「よりよいやり方はないか」を「一緒に創り上げていく」という、いわば共同プロジェクトです。このプロジェクト遂行にあたり、法律に基づいた知識を活用して貢献できるのが社労士といえます。

技術が進化してツールが便利になっても、働いている「人と人」は、昔も今も変わりません。むしろ、ボタン一つで何でもできるような世の中だからこそ、昔より意識的に人と関わっていかなければならなくなってきていると感じます。システム活用が前提となるこれからの未来において、さらに人と人が幸せに生きて行けるような関わり方を、ツール導入をきっかけにお客様と一緒に創っていきたいと思っています。

### ✅ さいごに

以上のように、私は「IT業界が長いから専門特化してブラン

ディングしよう」と戦略的にキャリアを構築してきたわけではありません。どちらかといえば、脈絡のない経歴、未経験からのチャレンジばかり繰り返してきました。しかし、知らないことを知りたい、もっと便利にしたい、目の前の課題をどうやったら解決できるか、そのために自分が使える能力は？……と自問自答しながら目の前の出来事に全力で向かっていった結果、今の自分に繋がっています。

　SEの経験、人事担当のとしての経験、家庭と仕事との両立の中で選択したクラウド活用、当初はアナログの労務相談を学ぶことが目的だった労働基準監督署勤務……。今の自分は、これら「全ての経験の合わせ技」でできていると思っています。

　まだまだ未熟で道半ばですが、数多くの経営者のお力になれるよう、さらにこれまでの経験をかけ合わせて貢献していきたいと思っています。

### 郡司　果林（ぐんじ　かりん）

ROLE人事パートナーズ社会保険労務士法人代表（東京都豊島区）。新潟県出身。日本大学芸術学部放送学科卒業後、SEとしてシステム開発に従事。その後IT企業の人事担当として勤怠管理や給与計算のシステム化、内製化を行ったことにより、人事業務にかかるコストを大幅に削減した。独立開業後は労働基準監督署相談員としてさまざまな労働時間管理や給与計算のパターンの実例に携わった。現在はクラウドを活用した労務管理、クラウド導入支援に力を入れている。
書籍「ITエンジニアの労務管理」（日本法令）、DVD「クラウド勤怠管理システム導入提案の仕方とコンサルの実務」（日本法令）。

**分野特化型** **社労士×介護**

# 介護業界に貢献できる社労士を目指して。

## CASE 06　山本　武尊

### ✓ 私の背景

　私が介護・社会福祉業界を志したのは、同居していた祖父母との原体験によります。

　両親が自営業で忙しかったため、幼い頃の私のそばにはいつも祖父母の姿がありました。寡黙な祖父が見せる笑顔や、祖母が作る煮物の優しい味が、今でも心に残っています。

　高校に入学すると、そんな祖父が認知症になり、徘徊をするようになりました。高校3年の頃には、祖母の身体機能が低下していきました。私は今でいうヤングケアラーとなりました。

　そのため、大学では社会福祉を学びたいと考え、進学しました。当時は介護保険がまさにスタートする時期でした。卒業後は当然、学んできた高齢者福祉を活かせる職場を探したものの、介護業界は今も昔も変わらず低賃金であり、就職することはためらわれました。結果、介護業界ではなく一般企業に進路変更をしたという経緯があります。

### ✓ それでも続く介護業界への想いと社労士資格との出会い

　とはいえ、新卒入社後も、介護業界への想いは変わりませんでした。大好きな祖父母にしたように、高齢者を支えたいという気持ちが、むしろ大きくなり、1年程度で退社をして、介護業界へ

転職をしました。

　以後、介護業界15年、医療業界に3年、合計18年間勤務をしました。大学で学んだ知識よりも、現場での実践、生の患者の方、ご利用者の方の声は、当時の私に膨大な気づきを与えてくれました。

　それでも足りない知識は、必死で学び、吸収しました。具体的には、退院後の自宅のことで悩んでいる方には福祉住環境コーディネーターとして、入院にともなうお金や年金の不安がある方にはFP（ファイナンシャルプランナー）として、介護経営者の経営相談には介護福祉経営士として、……というように、相手に応じた知識を資格として身につけていきました。

　そのような中で出会った資格が、社労士です。

　介護サービス事業所などでも、労使間での紛争や、人間関係が原因の離職が絶えません。みな高齢者によい介護を届けたいという想いがあるにもかかわらず、立場・役割や認識の違いなどからトラブルが生じてしまうことに直面した私は、経営者、従業員、組織全体が同じ方向に向かってよいサービスを提供するためのヒントを、社労士資格に求めました。

### ✅ 副業兼業時代を経て独立開業へ

　合格までには長い年月を要しました。

　ようやく合格できた頃、私は40代になっており、妻子ができていました。

　開業には経済的な不安やリスクがあったことや、介護業界に身を置きながらでも社労士としては活動できるようにも思えたことから、兼業しながらの開業登録となりました。

　当時はコロナ禍で、社会が混乱をしている時期でしたが、これは私には追い風となりました。従来、顧問社労士は地域密着が根強かったところ、オンラインツールが一気に浸透し、商圏が全国

へと広がるタイミングだったのです。

　オンラインツールにより、時間を有効に活用できたことも大きかったです。勤務が終わった後、夜からの打合せが可能となり、手続きやセミナー資料の作成なども夜間や休日で対応をすることができました。

　そのような開業でしたが、幸い、私の経歴に興味を持ったメディアからの取材や依頼に恵まれました。

　とはいえ、介護の仕事も社労士の仕事も本気でやりながらも、どこかで片手間感が払拭できず、どちらもやりがいのある好きな仕事ではあるものの、両立が難しくなり、開業を決意するに至りました。

　家族や先輩社労士の先生方、同期合格の仲間も、開業を応援してくれました。この場を借りて感謝を伝えたいと思います。

### ✓ 開業後から現在まで

　社労士として開業をして、集客や営業という課題に直面しました。社労士業務も幅広いため、業種で業務内容を絞る方、万能に対応をされる方など、さまざまな方がいるものですが、私の場合は「介護業界特化」を掲げていたので、迷いはなかったです。

　ただ、完全独立を果たし開業をした当初の売上額は、前職の給与と比べ、大きく下がり、不安な日々が続きました。ただ、開業の後悔は全くありませんでした。いつか芽吹くことを信じ、ひたすら種蒔（ま）きをする日々を送りました。

### ✓ あたり前の知識に価値があったことに気がつき、オンリーワンの存在に

　これは開業後に気づいたことですが、介護業界では当たり前の業務として身につけていた「処遇改善加算」「介護保険制度」「介護業界の前提知識」「運営指導の対策」などの知識や経験は、多

くの経営者や同業の社労士の方にとって、実はとても役立てるものでした。

　ある経営者の「労働法がわかる社労士は大勢いる。介護保険制度に詳しいコンサルも大勢いる。しかし、労働法と介護保険法とがわかるのは、あなたしかいないのではないか」という言葉は、今でも私の心の支えとなっています。

　やがて、兼業当時から蒔いていた種が芽吹いたのか、独立開業から半年ほど経ったころから、HP経由を中心に、依頼が増えていきました。

　現在では、Google検索で「介護＿社労士」と検索をすると、社労士事務所としては1～2番の位置にヒットするようになりました。障害福祉を含めると100％が介護福祉分野のお客様となっています。

　HPからの問合せも相変わらずありますが、ご依頼の割合が一番多いのは、社労士事務所からのご紹介です。これも日ごろお会いする社労士の方々から、私の介護業界への想いに共感いただいているためと理解しています。

### ✅ 現在の活動

　現在は大きく二つの軸で活動をしています。①介護業界を「まもる」活動と、②介護業界のことを「つたえる」活動です。

　私は自分の立ち位置を、コネクター（つなぎ役）、コーディネーター（調整役）、トランスレイター（通訳者）と位置付けています。どれも今の私にしかできない役割だと自負しています。

　また就業規則の作成、人事評価制度の導入はじめ、経営者と労働者の双方によりよい組織改革等について、執筆や講演をしたり、発信をしたりしています。

　社労士向けとしては、介護業界に詳しい社労士を一人でも多く増やしたいという想いから、セミナーやコンテンツの制作などに

取り組んでいます。

　将来的には、個人事務所の活動から、組織的な活動を視野に入れた運営体制へと切り替えていくつもりです。

### ✅ 「介護業界の発展を支える社労士」から「介護業界の発展を支える社労士事務所」へ

　私は介護業界の発展を願ってやみません。「ケアする人をケアする」が弊所のミッションです。このミッションに基づいたアクションが、未来のよい社会に繋がると信じています。

### ✅ 今後も溢れてくるやりたいこと、そして最後は……

　明るい兆しのある介護業界にするため、自分は何ができるのかなと日々模索すると、やりたいことが溢れてきます。

　数あるやりたいことの一つとして、私自身が介護事業を実際に経営したいという気持ちがあります。本当に気持ちを理解するためには、やはり経営者と同じことをしないと、真の理解は難しいと感じているからなのかもしれません。何より、介護現場が好きなので、最終的には介護現場に戻り、高齢者のお話をじっくりと耳を傾けて、ゆっくり穏やかな時間を過ごしていきたいと考えています。

　振り返ると私の半生は、介護業界とともにありました。その実現をさせてくれたのは、言うまでもなく社労士資格であり、私にとってかけがえない存在です。

　とはいえ、逆説的なようですが、たとえ社労士資格であっても、私たちの夢を叶えるひとつの手段でしかないとも思っています。その手段を使って、どう自己実現を果たすのかは私たち次第であり、資格を活用して夢を実現することこそが、もっとも大切なのではないでしょうか。

### ✅ 読者へのメッセージ

　自分には「○○○×社労士」というようなものがない、という悩みや相談を聞くことがあります。本当にそうでしょうか。それはまだ、気づいていないだけではないでしょうか。社労士という難しい資格試験を乗り越えている時点で、その人なりのストーリーが必ずあるはずです。その実現方法や可能性は十人十色であり、無限大です。誰もが自分らしい社労士を目指してほしいと願っています。

#### 山本　武尊（やまもと　たける）

社会保険労務士、社会福祉士、主任介護支援専門員。
大学（社会福祉学専攻）卒業後、大手教育会社を経て、介護業界へ転身。
元地域包括支援センターでセンター長として医療・介護業界に通算18年勤務。
介護業界の低待遇と慢性的な人手不足による「ヒト」の課題解決のため介護業界に特化した社会保険労務士としておかげさま社労士事務所を開業。NPO法人タダカヨ理事（労務担当）。
現在は介護関連のセミナー・研修、執筆・監修者としての活動、仕事と介護の両立支援、介護施設向けの採用・教育・育成や組織マネジメントなど介護経営コンサルタントとしても幅広く活動。
DVD「介護事業所の運営指導対応の基礎とポイント」（日本法令）、ほか各種媒体にて執筆多数。

分野特化型　社労士×資格ライター

# 「ライター×社労士」でオンリーワンへ。

## CASE 07　近江　直樹

### ✓ 透析患者が資格試験を受けるようになったわけ

　中学1年の入学直後の健康診断で腎臓病が見つかり、それ以降、激しい運動が禁止になりました。体育の授業ではマラソンや水泳ができなくなり、その結果、体育の成績が「1」になってしまいました。

　「私立の高校は、体育の成績が「1」だと不利になる。入試でよい点数をとっても落とされることがある」と担任に言われ、実際に都立の志望校を1ランク下げざるを得ず、大きなショックを受けました。

　高校3年生の夏休みに入った頃、人工透析の患者になりました。当時（約40年前）は、人工透析導入になったら余命は幾許もないという時代で、仕事や学校に通っている人も少なかったものです。実際、私が透析を導入する5年前に透析をやっていた人の半分は亡くなっていたため、自分も「もう余命5年なのか」と思いました。それでも、友人などの励ましと、母から腎臓移植を受けるという希望のおかげで、秋にはなんとか立ち直り、高校は卒業することができました。

　「自分は若くて体力があるから、10年くらいは生きられるだろう。残された時間は10年だと思って、思い切り人生を生き抜こう」と、決意をしました。

ところが、大学の入試・入学にて、大きくつまずいてしまいます。

　透析を導入したことで、志望していた2次試験に英語のない地方の国立大学の工学部から法学部に文転しました。透析をしながら一人暮らしをして、さらに実験をするなど不可能だと考えたからです。

　結局、2年間浪人してもどこの大学にも受からず、中央大学法学部の通信課程（中大通教）に入学することとなりました。

　そこから数々の資格試験を突破して……となればよかったのですが、入学した年の5月に受けた腎移植がうまくいかず、3か月後に人工透析に戻ったことで、心の支えが失われてしまったのです。数か月間、何もする気が起きず、ついには引きこもりになってしまいました。透析に通う以外は、家でごろごろして、テレビをみたり漫画をよんだり、意味なく時間ばかりが過ぎていきました。人生のどん底でした。

　そんな自分を救ってくれたのは、高校時代の友人たちでした。高校卒業の際も励ましてくれた友人たちのおかげで、引きこもりからも脱出できたのです。年末にはどうにか立ち直ることができました。この年にはもう一度大学を受験し、またも玉砕しましたが、人間どん底と思う経験をするとしぶとくなるもので、受験を失敗しても、取得単位がないまま2年生に進級しても、もはやたいして落ち込むことはありませんでした。

　翌年度からは、中大通教の学生会の集まりに出るようになりました。当時は、リスキリングのための入学者が3分の1程度、私と同年代が3分の2程度で、後者の内訳は事情（経済面・体調面など）があって昼間部に行けなかった人と大学入試に失敗した人とで半々でした。同年代でも働きながら勉強している学友を見て、実家で食べさせてもらいながら勉強メインの生活をしている自分は恵まれていると気づかされました。また、大学受験失敗

組は、資格試験を目指したり、編入試験で昼間部に移ろうとしたりする人が多く、とても刺激を受けました。そのため私は、低くなっていた自己肯定感を取り戻そうと、資格試験に挑戦することにしました。

当初は司法試験を目指したものの、これは3か月で挫折し、行政書士・宅建主任者（現：宅建士）に方向転換しました。2年生のときにリハーサル受験をし、3年生のときに行政書士試験に受かりました。これはかなりの自信になりました。

その後、公務員試験（障害枠、特別区Ⅰ類）に合格し、区役所に勤務しつつ、並行して中大通教の学習や資格試験の勉強を続ける生活となりました。宅建士も取得し、8年かけてようやく中大通教を卒業しました。

健康面で長年苦労してきた私にとって、資格試験はとても公平に感じられました。こうして、資格試験にのめり込むようになっていったのです

### ✓ 社労士試験に挑戦→合格、そして資格ライターに

社労士を目指すようになったのは、大学卒業後、友人が社労士試験を受けていた影響からです。市販のテキストを買って読んでみたものの覚えることが多く、独学では難しいと思い、予備校（LEC）の速習講座に通いました。担当講師は著名な秋保雅男先生でした。講義が楽しく、学習が進み、半年弱の学習期間だけで合格まであと一歩というところまでいきました。

翌年度は、特待生試験に受かって受講料が半額になったため、早稲田セミナー（後にTACに事業譲渡）に通いました。ここでは、特待生で入ったことがきっかけとなり、事務局によく顔を出していました。社労士試験の講座が開講2年目と手探りの状況だったことから、他校の受講経験もある資格マニアの情報や意見が重宝されたのでした。

その年、2回目の受験にて合格となりました。合格後も、模試の問題を作ったり、解答速報に呼ばれたりと、予備校との関係が続きました。

　そのような経緯もあってか、合格体験談をまとめた書籍に寄稿したり、資格試験の座談会に呼ばれたりするようになりました。当時は資格ブームで、「資格の学校」「けいことまなぶ」などの月刊誌や、「この資格をねらえ！」「この資格を取れ！」といった資格本が続々発刊されており、資格分野に強いライターが不足していたのです。

　私は区役所勤務の身で、本名での執筆に抵抗があったので、「近江直樹」というペンネームを使うようになりました。

　ちなみに、公務員は原則として兼業禁止でしたが、執筆については自由でした（人事に兼業届を提出しましたが）。ただし、講師のお誘いについては、時間が拘束され、職務専念義務と衝突することから、お断りしました。

　また、社労士や司法試験などの講師が出す勉強法の本の一部を担当するようにもなりました。主に「合格者座談会の司会・執筆」「教材研究」「予備校案内」などの、著者の予備校講師が立場上書けないパートを執筆しました。

　そして平成15年には、「こうして取ろう人気法律資格」（中央経済社）という、自分の単著を出すことができました。近江直樹のペンネームを使い始めてから7年、ようやくのメジャーデビューでした。

### ✓ 過去問の自主ゼミ主催からケータイ社労士の人へ

　自著が出た翌年の秋から、過去問の自主ゼミ（通称「近江塾」）を主宰するようになりました。インターネットの掲示版で、ゼミ生（受験生）とゼミを手伝ってくれる方（合格者）を募集しました。ゼミ生はそれなりに集まったのですが、それ以上に合格者が

多く集まったことから、合格者の勉強会（通称「一期会」。一期一会と平成 15 年合格に由来）も始めることにしました。

　このように勉強会を二つも主催していたのは、休職中で時間を持て余していたからでもあるのです。その年の春に、突然左足の指が上がらなくなり、検査入院をしました。なかなか原因がわからず、2 か月ちょっとの入院の末、「慢性炎症性脱髄性多発神経炎」という病気であることが判明しました。左足の指が上がらなくなっただけで、生活にはほぼほぼ支障のないものでした。

　その年の秋には、腎移植のための入院もしました。結果的には移植までに至らなかったものの、1 か月くらい入院しました。

　退院し、職場に復帰することを上司に連絡したところ、「病気欠勤の日数が限度を超えたため、病気休業になります」と言われました。いったん病気休業になってしまうと、職場復帰は難しい状態でした。職場復帰のためには、ならし勤務が必要ですが、その間は年休（半休や時間休を含む）が使えず、これが 40 歳過ぎの長期透析患者には厳しかったのです。

　そのため、1 年間の休職の後、思い切って社労士＆行政書士として独立開業をしました。合格同期の事務所に間借りしての開業でした。開業記念パーティをやったり、当時はまだ珍しかった HP も作ったりと、わりと派手な開業でした。

　開業後も、先輩の仕事を手伝ったり、仲間とチームを組んでセミナーをやったりと、それほど売上は上がってはないものの順調でした。当時は「団塊世代の定年前の退職金制度改革」「高年齢者の雇用継続対策」などのホットなテーマがあり、セミナーで顧問契約が取れました。区役所をやめたばかりで退職金や預金もあり、事務所の固定費もライターの収入でペイできていたのです。新人としては、かなり順調なほうだったと思います。

### ✓ 人生最大のしくじり

ところが、「好事魔多し」とはよく言ったものです。

前年から法科大学院の適性試験を受けていたところ、開業した年の試験結果がよく、法科大学院の試験にも受かってしまったことから、私は法科大学院にも通い始めました。当時は法科大学院ができたばかりで、ブームになっていたのです。入学してみると、周りは若くて優秀な方ばかりで、ついていくだけで精一杯となり、社労士＆行政書士事務所は閉じざるをえませんでした。

合格者の勉強会もやめて、近江塾も出身合格者がやってくれていましたが、これも数年後には閉じることとなりました。

さらに、疲れとストレスでメニエール病という病気にもなってしまいました。

法科大学院は留年の末、なんとか卒業できたものの、司法試験は断念して、その後数年間は静養を中心とした生活を送りました。

### ✓ 闘病生活からの復活、ライター×社労士に

数年間の静養のおかげでメニエール病も落ち着いてきたので、ライターとして本格的に再起することにしました。自著・共著・編著などを出したり、ウェブサイトの原稿を書いたり、過去問ゼミの近江塾も復活させました。

そんな折、『ケータイ司法書士』の著者である森山和正先生から、出版社が同ケータイシリーズの社労士版の著者を探しているとのお声がけがあり、『ケータイ社労士』を執筆することになりました。最初の2冊（労働法、社会保険法）は、書き終わるまで1年以上かかるなど、大きな苦労がありました。本書は、売上好調となり、すぐに年度版の書籍となりました。執筆の現在、最新版は9年目となる「2025年版」です。

本書のおかげで今では、社労士受験業界では「ケータイ社労士

の人」と認知されるようになりました。

## ✓ 終わりに

　以上のように、私は社労士実務の実績のないフリーライターにすぎません。社労士試験に対する知識も、大手予備校のメイン講師には及びませんし、私より上手なライターもたくさんいます。

　でも、私のように社労士試験の指導経験があり、かつ、著者としても実績がある人は、そう多くはないと思います。そういう意味ではオンリーワンの社労士と自負しています、

　私の経験が、読者のみなさんの励みとなれば幸いです。

### 近江　直樹（おうみ　なおき）

中央大学法学部卒業。フリーライター・社会保険労務士。社会保険労務士試験・行政書士試験・宅地建物取引主任者試験（現：宅建士試験）・年金アドバイザー検定・法学検定など数多くの資格を持つ。
執筆のほかに、企画・編集・インタビュー座談会司会など幅広い出版活動を行っている。

単著に『こうして取ろう人気法律資格』『法律資格最短・最速攻略法』、共著に『ファーストステップ法学入門』（以上、中央経済社）、編者として『マンガでわかる憲法入門』（ナツメ社）がある。また、毎年『ケータイ社労士（労働法・社会保険法）』（三省堂）を平成30年より執筆している。

# CHAPTER 2
## 勤務型社労士

組織でこそ輝く！

CASE 08 ～ CASE 12

**勤務型** 社労士×人事労務DX×副業解禁支援

# 本業と副業のシナジーで描く、自分らしいキャリアの実現。

## CASE 08 稲富　光平

### ✓ 挑戦しやすい社会を作りたい

　私は本業では事業会社の人事労務を担当しながら、副業として事務所を開業している社労士です。

　「自分で事業をやってみたい」という思いはもともとあったものの、会社を辞める理由も人脈もない状況のなか、「それなら両方やろう！」ということで、副業というかたちで開業を決めました。

　開業にあたり社労士資格を選んだのは、「失われた30年」という言葉への危機感からです。この30年という期間は、現在の生産年齢人口が社会人として働く大半の時間に相当します。その間、景気のよい時代を経験できなかったことは、社会にとって大きな損失といえます。挑戦しやすい社会を作り、これを脱却したいという思いから、企業の成長や働き方改革に関わる社労士の道を選びました。

　現在では、本業での経験を活かせる「人事労務のDX化」と「企業の副業解禁」という二つの柱を掲げ、社労士として社会を前に進める活動に取り組んでいます。

### ✓ 企業の競争力を高める「人事労務DX」

　本業では勤怠管理システムやタレントマネジメントシステムの

導入に携わっており、その経験を活かして「人事労務DX」の支援を行っています。専門性を高めるため、「DXアドバイザー検定（スペシャリスト）」にも挑戦し、合格しました。DXの導入により、業務の効率化（①）と事業運営の高度化（②）を実現し、企業の競争力を高めることを目指しています。

　①効率化のフェーズでは、紙やエクセルに分散している情報を一元化することで、転記ミスや手続き漏れを防ぎます。また、システム導入を通じて業務プロセスを見直し、ブラックボックス化した業務を標準化することも可能です。

　②高度化のフェーズでは、人事データの活用が鍵を握ります。従業員満足度、離職理由、労働時間などの蓄積データを分析し、「ハイパフォーマーの離職理由の傾向」や「満足度と労働時間の関係」に関する仮説を立てることで、課題解決に役立つ施策を打ち出すことができます。人事労務DXを推進することで、勤怠集計や給与計算といった業務プロセスが効率化され、人事労務担当者の業務負担が軽減します。これにより生まれた時間は、蓄積されたデータを活用して、人事施策を検討するための時間にあてることが可能です。

　労働人口が減少し、人材確保がますます困難になるこれからの時代において、経営戦略と連動したデータドリブンな人事施策の実行は、企業の大きな競争力となります。私は、自身の得意分野であるDXを活用し、企業の新たな挑戦を全力で支援したいと考えています。

### ✅ 挑戦しやすい社会に繋がる「副業解禁」

　副業解禁を支援することで、「挑戦しやすい社会」の実現を目指しています。

　中小企業庁「2024年版 中小企業白書」によると、日本の開業率は1988年の7.4%をピークに低下傾向に転じ、2022年に

は3.9%まで落ち込んでいます。諸外国と比較しても低い水準です。バブル崩壊以降、多くの人が「生活を守るだけで精一杯」になり、挑戦したい気持ちがあっても今の生活を犠牲にするリスクを負うのは難しいと感じているのではないでしょうか。

そのようななか、副業という手段を活用すれば、生活基盤を維持しながら新しい挑戦が可能になります。

私自身が前述のとおり、副業を通じて「今の会社も好きだが、自分の事業もやってみたい」というジレンマから解放されました。副業を通じて自分の強みを外部で発揮することが、新しい価値を生むきっかけになると実感しています。

企業が副業解禁を検討するにあたっては、「どの程度の制限が適切か」「社員が問題のある副業に関与しないか」といった不安がつきものです。私は社労士として、企業・社員・社会の三者にとって「三方良し」となる制度設計をサポートし、規程の作成や導入を支援しています。副業解禁が進むことで、挑戦のハードルが下がり、誰もが生き生きと働ける社会を目指しています。

### ✓ 「何のために社労士になったのか」を忘れない

「社労士としてどう活躍するべきか」と悩む方は少なくないと思われます。私が大切にしているのは、「何のために社労士になったのか」という動機、初心を忘れないことです。

開業した当初は「仕事が取れるだろうか」という不安が常にあり、内容を問わず依頼をいただくだけで嬉しく感じていました。とはいえ、その内容によっては「自分は副業をしてまで、この業務をやりたかったのか？」と自問することもありました。限られた時間のなか、自分の強みを活かし、お客様に喜ばれるためには、「挑戦しやすい社会を作りたい」という思いを軸に据える必要があると気づくに至りました。

その思いを表現するため、名刺には「人事労務DXと副業解禁

コンサルタント」と記載し、「DXと副業の専門家」として認識してもらう工夫をしました。また、SNSでも積極的に専門領域に関する情報を発信するよう心がけ、実際に案件に繋げることもできました。

### ✅ 本業と副業のシナジー効果

副業として社労士事務所を開業したことは、本業にもよい影響をもたらしました。本業での経験を副業に活かし、副業での学びを本業に還元することで、両者が相互に高め合う関係を築けています。

例えば、社労士会の勉強会やセミナーに参加することで、最新の法改正や判例情報をいち早く把握できています。また、経営者の方と直接接するなかで、迅速な課題解決や的確な提案の重要性を実感できています。

こうした社労士業を通じた経験は、本業でも「人事労務担当」としてはもちろん、HRBP（Human Resources Business Partner）としても、経営と現場の橋渡し役を果たすにあたり活かされています。

### ✅ 最後に

社労士としてどのようなキャリアを歩むかは、人それぞれです。私は、「なぜ社労士になったのか」という動機・初心を忘れることなく、社労士資格をあくまで目標達成のための手段と捉えることが重要だと考えます。

自分が実現したい社会や目指すゴールを軸とし、自分の強みと資格の強みをかけ合わせていくことが、自身で納得できるキャリアを築く鍵といえるのではないでしょうか。

私の場合、副業を通じた挑戦が、新しい視点や可能性を広げてくれました。これからも挑戦を続け、人々が前向きに働ける社会を目指し、また自分らしいキャリアを歩んでいきたいと考えてい

ます。

　みなさんも、自分の思い描く未来に向かって、共に挑戦していきましょう。

### 稲富　光平（いなとみ　こうへい）

かさね社会保険労務士事務所 代表
1993年生まれ、福岡県出身。同志社大学経済学部卒。
2015年4月に建設会社に入社。人事部労務担当として社会人としてのキャリアをスタート。
2021年に社会保険労務士試験に合格し、2022年9月に副業として開業登録。

人事労務DXと副業解禁を専門分野とし、企業の勤怠管理システム導入支援や副業推進に関する講演・セミナーを実施。ニュースへのコメント提供や厚生労働省広報誌への寄稿など、メディア関連業務にも携わっている。

**勤務型** 社労士 × 税理士 × SE（システムエンジニア）

# 社労士資格がもたらした
# さまざまな場所での出会いと未来。

**CASE 09　鶴岡　康幸**

### ✅ 勤務社労士が挑む資格のかけ算

　私は執筆の現在、IT企業の人事職として働いています。約15年間、勤務社労士として自社の労務管理や労基署対応、また支部のイベントに参加するなど、限られた範囲での社労士活動をしてきました。

　働き方改革、コロナ禍によるリモート化、近年の労働環境の変化によって柔軟な働き方や副業が可能となったことから、2024年から開業登録に切り替えて、副業として社労士業を行っています。

　また、同じ社労士の林雄次先生が書籍などで推奨している「資格のかけ合わせによって存在価値を高める」ことに共感し、社労士以外の資格・スキルをかけ合わせた取組みに力を入れています。

### ✅ 社労士資格との出会いと取得の経緯

　新卒で入社した会社では、人事・総務・経理など幅広い業務に携わり、採用、給与計算、社会保険手続き、年末調整などを経験しました。衛生管理者の資格を取得はしましたが、特に上昇志向があるわけでもなく、アフター5の飲み会や週末を楽しみとする、お気楽サラリーマンを満喫していました。

　そんなある日、退職金制度の移行プロジェクトを任されます。

法改正により、税制適格退職年金から確定給付企業年金や確定拠出企業年金などに移行することが盛んに行われていた時期のことです。このプロジェクトでは、社内の複数部署との連携はもちろん、信託銀行の年金数理人、中小企業診断士、顧問税理士や社労士など、多くの専門家と協力しながら業務を進める必要がありました。

にもかかわらず、自分には年金制度や社会保険全般、退職金、会計などに関する知識が不足しており、専門用語が飛び交う現場でとても大きな壁を感じました。特に、経営層や従業員に対して説明するときや質疑応答が必要な際は社労士の先生に頼りっきりとなり、自信を持って説明できない無力感を味わったことを、今でも思い出します。

この辛い経験により、私は社労士の価値を理解し、自分も資格を取得して専門的な知識を身につけ仕事をしたいと考えるようになりました。すぐに資格予備校に通い始め、初年こそ不合格だったものの翌年にリベンジを果たし、2009年に社労士として登録しました。

社労士資格取得後は転職をし、グループ会社約100社（従業員数約10万人）の企業にて、給与・社会保険・退職金・税金などを処理する人事基幹システムの再構築・開発・運用に携わり、現在は人事職（HRBP：Human Resource Business Partner）として人事戦略の実行支援を行っています。

また副業として、社労士・税理士事務所の運営、YouTubeでの配信活動などを行っています。以下はその一例です。

### ✅ 対面での活動① 所属支部の勉強会での講師やパネラー

所属している支部にて、勤務社労士が自社の取組みを共有するイベントがあり、そこで「働き方改革時のテレワークと人事システム」や「JOB型人事制度導入経験からの気づき」などのテー

マで登壇しています。

　同じ勤務社労士同士だからこその会話ができ、情報交換の有益度が非常に高かったですし、信頼度の高い情報交換網は業務においても非常に心強いものになっています。

### ✅ 対面での活動② 会社内勉強会の講師

　社内では、勉強会やセミナー等の講師を積極的に行っています。例えば、年末調整や確定申告といったテーマで、どうやって給与計算されているのか、社会保険はどう計算されているのかについて、社員向けに解説するなどです。

　このとき、「社労士」「税理士」と名乗れるのは社内ブランディングにもなりますし、このような取組みは企画側・視聴する従業員・自身の三方良しとなる点が魅力です。

### ✅ 対面での活動③ 労働組合でのセミナー講師や相談窓口

　労働法や社会保険、税に関するセミナーや、個別事象に対する相談を行っています。第三者の専門家としてサポート・アドバイスすることでお役に立てるよう努めています。

### ✅ オンライン上での活動① X（旧 Twitter）

　多くの社労士や税理士、その他の国家資格者や受験生と繋がりを持てた場所です。Xをはじめていなければ本を書くこともなかったでしょうし、副業もしておらず、限られた範囲で日常を過ごしていたことと思います。

### ✅ オンライン上での活動② YouTube 配信

　資格試験の受験生向けに、自身の実体験を元にした動画を配信しています。今後は、労働や社会保険について視聴者のお悩みを解決する動画など、社労士資格や専門性を活かした配信により力

を入れていこうと考えています。

### ✓ 自立した収入源の確立

　将来的には、年金・医療・税制といった社会保障制度および労働法制は、少子高齢化・技術の進歩・グローバル化などさまざまな要因を背景に大きく変化すると、私は確信しています。

　ポジティブではない変化に対しては、公的支援や企業に頼るのではなく、自らの力で柔軟に対応し、人生をコントロールできるよう、将来を見越した準備をしつつ、自分が楽しいと感じることに注力していきたいと考えています。

　会社員は会社に人事権を握られている立場であり、自らの意思が通るとは限らないため、キャリアの選択肢が制約されることがあります。裁量や報酬も会社方針に左右され、個人の努力や成果が必ずしも反映されるわけではありません。異動によってスキルや人脈がリセットされるリスクもあります。

　また、年金や健康保険などの社会保障はあくまでセーフティネットに過ぎず、自由な生活を保証するものではありません。

　このような状況において、自由なライフスタイルを実現するためには、自立した収入源を確保することが最も重要であるといえます。

　この点で、社労士をはじめ士業として独立開業することは、自身の裁量で活動でき、かつストック型のビジネスを長期にわたって継続できますので、収入源として非常に魅力的です。

### ✓ 高付加価値のサービス提供

　今後はAIの発達によって、①高度な専門性や責任を伴う仕事、②人の気持ちに寄り添う仕事、③個性を活かしたクリエイティブな仕事、という3つがより重要になってくると考えています。

　将来を見据え、誰でも、副業なり起業なりを通じて、より自由

で豊かな人生を実現できるようなサービスを作りたいと考えています。

また、社労士・税理士・元 SE としての知識や経験を活かし、複雑化する労働問題や税制の改革、大相続時代に困っている方の気持ちに寄り添う専門家としてのサービス提供も行っていきたいです。

### ✅ 社労士資格を目指す方へ

お伝えしたいのは、「挑戦を続けることの大切さ」です。

試験勉強は非常に厳しい道のりですが、合格後にはその努力が大きな財産となります。

私自身も、最初はわからないことばかりでしたが、一つひとつ理解を深めることで合格を掴みました。焦らず、一歩ずつ確実に進んでください。合格後には、多くの可能性が広がることは間違いありません。

### ✅ 副業開業を検討している方へ

まず「行動すること」が重要です。私は、副業として税理士・社労士事務所を開業しましたが、開業には多くの不安もありました。開業後も、実際に動き始めると課題が次から次へと見えてきて、良くも悪くも予期しないことが変則的・偶発的にやってきましたが、「『負けたことがある』というのがいつか大きな財産になる」（井上雄彦『スラムダンク』より）や「正しいかどうかなどどうだっていい……感じるべきは楽しいかどうかだ」（井上雄彦『バガボンド』より）といった名作マンガの数々の名言を信条に、今日まで行動を続けてきました。

結果的に成功しても失敗しても、副業開業に挑戦した過程で得られる達成感や人との繋がりは、一生の大きな財産となります。まずは、小さな一歩を踏み出しましょう。

## 鶴岡　康幸（つるおか　やすゆき）

鶴岡康幸税理士事務所／鶴岡康幸社労士事務所 代表
富士通株式会社グローバルコーポレート人事部 所属
1983年生まれ、東京都江戸川区出身、千葉県在住
社労士、税理士、MBA
東洋大学経済学部卒、明治大学専門職大学院グローバルビジネス研究科卒

バスケに注力していた学生生活を経て、専門商社にて人事・総務・経理・システム導入などを幅広く経験。2009年に社労士取得後は富士通に転職し人事給与システムの開発運用業務に従事。SEとしてITスキルを身につけ100社10万人の人事業務についてDX化を実現。その後は経営者の人事戦略パートナー（HRBP）を担い、副業解禁を好機に税理士・社労士事務所を開業。給与・社会保険等の人事労務スキルと財務経理・税務等の会計スキルを活かし幅広い経営者のニーズに対応中。現在はYouTubeやX、LINEでの情報発信にも注力。

**勤務型** 社労士×バックオフィス業務支援

# 労務の枠を飛び出せ！
# 何でもアリな組織内社労士。

## CASE ⟨10⟩　加藤　美衣

### ✓ バックオフィス業務との出会い

　私がバックオフィス業務に初めて出会ったのは、7年半前、社労士事務所に入所したときでした。

　第二新卒だった私は、社労士の仕事に興味を持ち、未経験で社労士事務所に転職したものの、経験も知識もないまま実務を行うのは難しく、代表秘書や事務所のバックオフィス業務からのスタートとなり、郵便物の仕分けや事務所の書類整理などの庶務をはじめ、採用や帳簿の記帳データの作成等も行っていました。

　バックオフィスが一人しかいないような小さな会社ではよくあることですが、業務の具体的なやり方がわからなくても、常に手探りで進める必要があり、とりあえず業務は滞りなく進むもののなにが正解かわからないという漠然とした不安と常に隣り合わせでしたので、バックオフィス業務が楽しいとは思えませんでした。

　そのため社労士業務に携わりたいと思い、3年目の頃代表に直談判したのですが、ジョブローテーションは叶いませんでした。日々の仕事の中で自分の成長が感じられず、もっと成長できる環境に身を置きたいと思い、転職を決意しました。

　なお、この事務所勤務時代に社労士受験にも独学で挑戦しましたが、難しさ・暗記量の多さに、早々に断念してしまいました。

### ✅ 上司との出会い

　そんな私が社労士になることができたのは、転職先のベンチャー企業の上司（取締役CFO）との出会いがきっかけです。

　その上司は、公認会計士と中小企業診断士のダブルライセンスを活かし、自分の専門分野の財務会計だけでなく、人事労務・法務総務の実務もこなし、社労士や弁護士からも一方的にアドバイスをもらうのではなく、互いに意見を交わしながら上場準備を進めるような人物で、私はその様子に圧倒されました。

　その会社では、入社当初から「給与計算をやってみようか」「助成金を申請してみよう」「就業規則を直してみて」「できなくても間違ってもいいから、とりあえずやってみよう！　責任は私がとるから安心して」……と、未経験にもかかわらず次から次へと業務を任せてもらうことができ、その勢いとスピードにとにかく衝撃を受けました。

　1年も経たないうちに、一通りの手続きや給与計算をマスターし、顧問の先生ともスムーズに相談できるようになりました。

　経験や知識がなくても、一つひとつ学んで積み重ねていけばできるようになることを実感した私は、挑戦の幅を広げ、もっとできることを増やしていきたいと思うようになりました。

　そんななか、会社の事業縮小により、退職勧奨が行われました。

　私は人事労務チームの一般スタッフだったので、会社に指示されるまま、自社従業員の離職票を作らなければなりませんでした。仕事への納得感が得られず、自分の無力さを痛感しました。当たり前のようですが、「労務管理だけでは会社は成り立たない」ことを強く実感しました。

　このとき、起業を決意した上司から誘いを受け、人事・労務を中心に知識や経験を増やして自分ができることを広げていきたいという思いから、再び転職を決めました。

### ✅ バックオフィス業務とは

一般的に「バックオフィス」というと、経理・財務、総務・法務、人事労務等の管理部門をイメージされることがほとんどです。

経理・財務では、帳簿入力から試算表作成、入金確認や振込、納税管理のほか、資金不足にならないように資金繰り表を作成する等、会社のお金に関わる仕事です。

法務・総務では、会社のさまざまな庶務のほか、株主総会や取締役会の運営や議事録作成、知財の管理、システムの導入・管理、契約書の作成や契約書のリーガルチェックから契約締結等、文書を取り扱います。

人事労務では、給与計算・入退社の手続きをはじめとして、就業規則や協定書の作成、従業員情報の管理、採用活動などを行います。

これらは決して花形ではないですが、縁の下の力持ちとして、会社を支える重要な役割といえるでしょう。

### ✅ バックオフィス業務の面白さ

冒頭の社労士事務所でのバックオフィス業務は独学の状態となりましたが、現職では一つひとつの業務のあるべき姿をマンツーマンで上司に叩き込まれたため、入社した頃は毎日頭がパンパンでした。

とはいえ、なぜこの業務が必要か、なぜこの作業手順で行うのか等を体系的に理解し、バラバラだった知識が少しずつ繋がっていくにつれ、どんな運用ならミスを防げるか、もっと効率的にできるか等をより深く考えられるようになっていきました。挑戦と試行錯誤の日々の中、私はバックオフィス業務が面白いと感じるようになりました。

一般的な会社であれば、経理・財務、総務・法務、人事労務と業務が縦割りに分かれており、各業務が独立しているように思えますが、それぞれの業務の繋がりがわかるようになると、例えば労務部門が給与計算した結果を経理部門では給与仕訳という形に変えて記帳していたり、逆に経理部門で預り金の記帳をしたことで社会保険料の控除不足に気付き、労務部門での給与計算のミスが判明したりと、作業の実態や目的が明確になります。

　あるいは、法務部門が締結した業務委託契約書の内容に基づいて経理部門が請求書を発行したというように、新しい繋がりに気付くたび業務への理解が深まるところが、バックオフィス業務の真の面白さだと思います。自分の成長が感じられますし、モチベーションアップにも繋がっています。

### ✓ 私がバックオフィス支援を行う理由

　中小企業やベンチャー企業では、間接部門であるバックオフィス人員を雇用する余裕がない等のため社長がバックオフィス業務もしており、多岐にわたる雑務に忙殺されているパターンが少なくありません。

　また、バックオフィスに必要な業務知識を持っている人材を採用するのが難しいなど、中小企業・ベンチャー企業にはさまざまな課題があります。

　世の中にバックオフィス経験者はたくさんいますが、正しい知識を持って業務をこなせると自信を持てる人は一握りといえます。そこに私の価値があると思っています。

　現職の会社では、豊富な知識やノウハウを活かしてバックオフィスを一手に引き受けることで、社長が本来取り組むべき経営に専念できるようにしたり、会社の管理レベルを上げて経営リスクを減らせるよう、単なる事務代行ではなく経営支援の一環として、バックオフィス業務を受託しています。

## ✓ 社労士試験への再挑戦

　人事・労務だけでなくさまざまなバックオフィス業務を経験することで、自分の得意・不得意や可能性が見えてきたことと、それでもやはり労務が1番好きな分野だと実感したことから、改めて社労士試験に挑戦しました。

　かつて断念したときは、試験勉強では細かい数字や条文をとにかくたくさん覚えなければいけないという印象が強かったのですが、バックオフィス業務の経験を通じ、仕事と同様、例えばこの法律は何のためにあるのか、制定された背景を含めて考え各科目の繋がりを意識するように、「覚える勉強」から「納得するまで考えて自分の言葉で説明できるように理解する勉強」にシフトでき、学習の理解が深まりました。

　また、以前と違って、労務を自分の軸にしていきたいという目標が明確になったことから、一心不乱に勉強を続けることができたこともあって、2年目に合格できました。

## ✓ 社労士登録をした理由

　会社で働く分には資格がなくても特に困らないのですが、それでも登録しようと思ったのは、間近で見てきた上司の影響が大きいです。

　士業の有資格者でありながら、資格に関係なくひとりのコンサルタントとしてのブランディングを確立してクライアントからの信頼を得ている姿は、プロフェッショナルとしての理想のあり方なのではないかと思っています。

　自分も「バックオフィスの誰か」としてではなく、「あなたと仕事がしたい」と言ってもらえるような存在を目指したい、そんな気持ちから、一歩踏み出すことを決めました。

## ✅ 今後の目標

　現職に入社して3年経ち、一通りの業務ができるようになってきたとはいえ、まだ最初の1歩を踏み出したばかりです。

　経理業務では月次決算から年次決算まで一気通貫で行えるようになること、法務関連では弁護士の先生に全てお任せしている契約書レビューについて判断・修正ができるようになること、また労務分野でも規定類や人事制度の作成、労務相談などを行えるよう、それぞれ専門性を深めていきたいと考えています。

　将来的には「労務×経営」という新たな強みを作り、経営支援をしていくことを目標にしています。バックオフィス業務だけでもまだまだ知識や経験が足りないので、簿記や中小企業診断士の資格取得も視野に入れて知識をインプットし、日々の業務の中でできることを増やして経験を広げ、目標に向かっていきたいです。

　バックオフィス業務支援は目立つ仕事ではありませんが、人や会社の成長の一助となれたら幸せです。関わらせていただく会社と伴走しつつ、私も一緒に成長していきたいです。

**加藤　美衣**（かとう　みい）

大学卒業後、新卒の会社で起こったハラスメント問題から社労士の資格に興味を持ち、未経験で社労士事務所に転職し、受験勉強を開始したが挫折。上場準備中のベンチャー企業の人事担当として給与計算や手続きの実務を経て、現職のTFG Technologies株式会社の創業メンバーとして入社し、バックオフィスの立ち上げからバックオフィス業務全般に従事。広く業務を経験する中で労務分野を自分の強みにしたいと思い、社労士試験に再挑戦し、2024年に登録。現在は、バックオフィス業務だけでなく給与計算・手続き業務等も一括で受託し、何でも任せてもらえる会社に寄り添った社労士として一人前になれるよう日々修行中。

勤務型 社労士×理系

# 社労士になって見えてきた、新たな可能性。

## CASE ⟨11⟩ 中村 涼子

### ✓ 理科が好きな幼少時代

　子供のころ、1日のお小遣いが100円だったのですが、そのお小遣いでお菓子などを買わずに、野菜や花の種を買って育てたものでした。種の袋にある植物の写真と、袋を開けたときの種の姿のギャップがたまらなかったし、植えた後は見に行くのが日課になっていました。

　成長して高校生になってもそのような理科への興味は健在で、理系学部に進学し、大学院にて当時先端だった遺伝子解析を勉強しました。

　その後は転勤の帯同でアルバイトしかできない状況となったのですが、引っ越し先の近所に研究機関があり、そこで大量の種を蒔いて育て、観察し、遺伝子解析を手伝う支援員を「天職だ！」と感じ、10年くらい続けました。

　そんな私が、今では社労士をしています。一体何があったのでしょうか……？

### ✓ 人生を変えたネットサーフィン

　社労士を志したきっかけというと、「あの社会保険労務士の先生に憧れて……」とか「働く人の環境をよりよくしたい！」といった動機を期待されるかもしれませんが、ごめんなさい、私は

例外です。

　昨今、トレンドの研究にお金が集中する傾向にあり、そうではない研究機関は研究費を獲得するのが非常に困難な状況にあります。そこに、厚生年金加入基準の変更（私のような支援員が加入することになり、保険料を研究費から捻出しなければならない）や、有期雇用契約の無期雇用ルール（研究機関は特別法により通算 10 年で無期雇用を希望可）といった法律の改正がありました。

　これらの影響により、私の勤務時間は減少し、さらには雇止めの可能性に直面することになってしまったことから、なにかをしないといけないと始めたのが資格勉強でした。

　数ある資格から社労士資格にたどり着いたのもまったくの偶然で、ネットサーフィンをしていてたまたま社労士講座を発見して、そのときはどんな資格かすら知らなかったものの、試験範囲が労働法令や社会保険法令であり生活と密接していると感じたことや、そのときが 8 月下旬で受験までちょうど 1 年あるというタイミングだったという理由から、社労士資格に挑戦することを決めました。

　実際に勉強してみると、労働法令ではこれまで職場で見てもよくわからなかった難解な書類の意味がわかったり、社会保険制度が年月をかけて複雑になった経緯を知ったりと、私にとって引き込まれる内容でした。これまでは法律ってわざと難解にしているんじゃないかと思うほどのとっつきにくさを感じていたのですが、法律の条文は実はとてもよく考えられていてムダがなく、美しい数学のような感じすらして、私にとっては新たな発見の連続でした。

　試験勉強自体はハードでしたが、幸い 2 年目で合格できました。

　とはいえ合格直後は、理系研究職から社労士業界に移る踏ん切りがなかなかつかず、2 年間ほど引き続き研究機関で支援員をしながら悶々としていましたが、すでに 40 代半ばだったこともあ

り、登録に必要な2年の実務経験を積むべく、近くの社労士事務所へ飛び込みました。

### ✅ 社労士事務所で2年の実務経験を経て、勤務社労士で登録

　この社労士事務所での初めての仕事は、就業規則の新旧対照表の作成でした。体裁を整えるだけでしたが、条番号の振り方や規則の細部についてなど、知らないことばかりでした。

　とはいえ、勤務を続けるにつれ、試験勉強で培った知識も活かし、就業規則の内容確認ができるようになっていきました。

　また、36協定の書類を作成することが次第に増えました。36協定は主に残業時間について決めるものであり、変形労働時間制とも関連があることから、この手続き業務をやることも増えていきました。こうして気がつくと、事務所中のこれら手続きをほぼ一人でこなすようになっていました。2年間でのべ数百件を取り扱った結果、労働時間についてはとても詳しくなりました。

　2年の実務経験を経て、無事社労士登録となりました。事務所に入る前は年齢的な不安もありましたが、「案ずるより産むがやすし」ということなんでしょうか？

　正式に社労士となってからは、労務全般について関与先と話す機会も増えました。給与計算のちょっとしたルールの確認から、就業規則の改訂、懲戒関連など、幅広い相談を受けるようになりました。

### ✅ 引っ越しても社労士を続けたい！

　私には家庭の事情（家族の転勤）があるため、将来的に引っ越す可能性が多分にあります。悩ましいところですが、今の事務所を離れることになっても、社労士の仕事は続けていきたいと思っています。

　社労士としてはまだまだ経験が浅いですが、関与先の持続可能

な成長とともに、従業員の方々が幸せである職場になるような働きかけができる存在になることを目標として、地道に続けていけたらと考えています。

### ✅ 理系出身の社労士は結構多い？

　理系分野から社労士へ……。一見全く異なる分野への転身ですが、共通点も多くあるように感じています。

　たとえば、就業規則というものは、誰が読んでも同じ意味になるように書かなければなりません。これは学術論文が、誰が実験しても同じ結果になるように書かれるのと似ています。誤解を避けるために冗長な表現を排除したり、文章の整合性を保ったりと、論理的な思考が必要です。

　また、給与計算や年度更新の作業では、事前に専門知識を詰め込んで大量のデータを正確に処理していきますが、これは植物の観察や遺伝子解析で得た膨大なデータを整理し検討していく過程に似ています。精密なデータ処理が得意な人は、給与計算も得意かもしれません。

　そして、研究者がどんどん出てくる新しい手法を勉強し、取り入れて、試行錯誤の末に実験結果を得るように、社労士も法改正や新しい規則などを現場に落とし込むため勉強し、いろいろ考えるものです。

　このような共通点があるためか、私は毎日充実して社労士業務に取り組めています。また、自分の周囲にも、理系出身の社労士さんが、意外に多くいらっしゃいます。

　社労士の仕事は、労働保険・社会保険の手続き、労務管理、給与計算、就業規則の作成、年金相談・手続き、人事労務コンサルティングなど、多岐にわたります。誰もがどこかにぴったりはまることができるので、いろんなバックグラウンドを持った社労士

さんが活躍しているといってよいでしょう。分野が違うから……と躊躇している方は、ぜひ挑戦してみてください。あなたの強みがピタッとはまる、充実した仕事に出会えること間違いなしです！

**中村　涼子**（なかむら　りょうこ）

愛知県の社労士事務所に勤務する社会保険労務士。
1974年、長崎県生まれ。
長崎県私立純心中学・高等学校を卒業後、長崎大学水産学部で食品科学を学び、同大学大学院水産学研究科を修了。卒業後は企業で勤務した後、転勤族の夫とともに全国を転々としながら、パートやアルバイトとして多様な職場経験を積む。転勤生活の中で社会保険労務士資格を取得し、愛知県の社労士事務所に転職。事務指定講習を受けずに3年間の実務経験を経て社労士登録を果たし、現在も実務に励む。労働時間制度や就業規則、給与計算を中心に、企業の労務管理を支援している。

**勤務型** 社労士×業界歴30年

事務所勤務から独立へ、
業界経験約30年。

## CASE ⟨12⟩　松原　熙隆

　私は、大学卒業後、大手住宅メーカーで営業職として1年間勤務した後、1996年に社労士事務所に就職しました。社労士試験には2001年に合格しました（2011年には特定社労士試験に合格しました）。

　その後、25年の勤務経験を経て、2021年に独立開業し、今年で開業4年目を迎えました。業界歴が非常に長いのが売りです。開業歴が長い方は多くいますが、私は勤務社労士での期間を長く経て開業しており、勤務の立場、開業の立場の両方を経験しているのが強みです。

　勤務社労士の時代は、当時としては人数が多い事務所だったこともあり、さまざまな業種の企業を担当しましたし、その日常的な入社・退社の手続き、給与計算、いろいろな人事労務・トラブルに関する相談、就業規則作成（約450社）など、幅広い業務を行ってきました。常に60社近くの顧問先を担当しており、豊富な経験を積むことができました。社労士事務所もさまざまで、事務所によって担当させてもらえる業務の幅も異なるでしょうが、当時の私は「やりたい！」と希望すればいろいろとやらせてもらえる環境にありました。そのことにはとても感謝しています。

## ✓ 好きな業務

　「給与計算は苦手、好きじゃない」という社労士も珍しくはありませんが、私は昔から細かい数字の扱いや暗算が得意で、間違いを見つける能力にも長けているのか、給与計算業務が大好きでした。

　昔は給与計算もパソコンではなく、オフコンという専用ソフトで計算したものです。オフコンは今では信じられないほど動作が遅く、100人くらいの会社の計算を処理するだけで1時間かかったりしていました。計算後に1人分修正するだけでも、再計算に30分以上かかったりして、今とは違う意味での大変さがあったものです。

　また、昔は給与情報の連絡をFAXや電話にて口頭で伝えることも多く、それを社内のシステム担当者宛の指示書に手書きして、それを見ながらシステムに入力するという、非効率な進め方をしていました。

　そのような時代と比べると、現在はいろいろと便利なソフトやシステムがあるので、そういう点では給与計算業務もラクになりました。しかし、一方で給与計算に関連する法制度がはるかに複雑になったうえ、その法制度も頻繁に変わり、社労士としては注意しなければならないポイントも数多くある時代になったとも感じます。

　さて、給与計算というものは、正しくできて当たり前とされる、あまり評価されない業務です。私はそんな給与計算を通じて信頼を勝ち得るためにはどうしたらいいか、いつも考えていました。加点がない業務においてプラス評価をもらうためにはどうすべきか、指示されたこと・依頼されたことだけをやるのではなく、プラスアルファで何かできることはないかを、常に考えて仕事をしていくようになりました。

そうすると、勤怠表などから労務上の問題点や効率的な業務の進め方を見つけ、アドバイスできるようになっていきました。今では、痒い所に手が届くようなサービスが提供できるようになったと自負しています。
　そのようにして信頼を得たお客様から、さらにお知り合いを紹介してもらえることも増えました。私は勤務時代も開業してからも基本的に、営業活動をほとんどしたことがなく、ご紹介のみでご依頼をいただいております。給与計算に限りませんが、業務を通じて信頼を勝ち得る方法を常に考え、実践することが大切です。
　なお、労務監査も結構好きな業務です。就業規則や雇用契約書などでの抜け漏れの確認や、数字の誤りなどをすぐに見つけることができるのです。常に注意深く観察する癖がついているので、違和感を察知することができるのだと思います。

### ✅ 普段心がけていること

　お客様の役に立つためには、「わかりやすく」「丁寧に」「付加価値のある」仕事をするよう心がけています。
　人事労務にまつわる専門用語や複雑な法律の条文について説明する必要があるときは、「わかりやすく」相手に伝えることがとても大切です。また、給与計算のように100点の仕事が求められる場合は多少時間がかかったとしても「丁寧に」することを徹底しています。
　「付加価値のある」サービスを提供することについては、前述のとおりです。本当にすべきことは何かを常に考える姿勢を、長年の経験から身につけました。

### ✅ これまでやってきたこと

　社労士事務所に入社した当初は、新人として各種手続きや給与計算などに従事しました。試験に合格した6年目くらいから、

就業規則などにも携われるようになりました。

　最初に受注した就業規則の案件は、10万円で全面改定という、今では考えられない破格の安さで行ったことを覚えています。その後は自分や部下の顧問先の就業規則をみる機会が増えていきました。いままで確認・修正した就業規則は、30年間でのべ500社分ほどになります。

　また、勤務時代には、社労士事務所としてはかなり早期にプライバシーマークを取得し、以後15年以上にわたり、その担当もしていました。監査責任者や情報システム責任者を経て、個人情報保護管理者（責任者）も数年間担当しました。これらは、社労士は業務の大半で従業員の個人情報を取り扱うわけですから、個人情報には十分な注意を払うべきだという考えによるものです。

## ✓ 迷ったらやる！

　勤務時代は、とても忙しく、休日に出勤することもよくありました。これは割り振られる業務が多かったというより、自分で進んで仕事を増やしていたためです。新しい顧問先が増えたり、新しい仕事が増えたりしたときは、いつも積極的に関わっていました。

　この姿勢は、独立した現在も変わっていません。「迷ったらやる」をモットーに、新しい仕事には積極的に関与し続けています。時折後悔することもありますが、この30年間、やってよかったと思うことの方がずっと多かったというのが実感です。

## ✓ 独立開業した経緯

　長らく勤めるなか、社労士事務所は少しずつ拡大していき、人数が25人くらいにまでなった頃、「法人社員（企業でいう役員）にならないか？」と事務所から打診をされました。

　法人社員となれば、事務所自体の経営やマネジメントにまつわ

る業務に時間を割かねばなりません。私は社労士の現場での各種業務にこだわりたいという思いが強くありましたので、25年間勤務した事務所から独立することを決意しました。

　独立した以上当然、自分の事務所の経営等も考えなければならなくなりましたが、とはいえ顧問先と密接にかかわり、現場の業務に専念できる環境になりましたので、現環境にはとても満足しています。

　余談ですが、開業するにあたっては、事務所の屋号を「松原HRコンサルティング」と名付けました。これには、今後は人事労務領域（Human Resources）についてのコンサルティングに注力するぞという決意が込められています（名前のひろたか（HiRotaka）にかけたというのもあります……）。

### ✓ 現在の業務内容

　開業した現在、社労士事務所としては、基本的には労務相談契約をメイン業務としつつ、就業規則改定、労務体制構築の支援、労務監査、IPO支援、労基署・年金事務所調査の立会い、セミナー講師などを行っています。社会保険、雇用保険の手続業務なども行っています。比率としては、各種手続きと相談対応でおよそ半々くらいでしょうか。

　勤務の頃と比較すると、時間的な拘束がなくなり自由な時間が増えた半面、1年を通して仕事をしているような感覚があります。自分のやるべきときにやるという感覚です。休日にもなにかしらの仕事をしていることも珍しくはありません。

### ✓ 支部活動

　そのようにそれなりに忙しいのですが、開業後に所属した支部では、委員会活動、行政協力、電子化推進に関しての活動を行っているほか、東京社労士会のデジタル・IT化推進特別委員会に

も参加しています。
　このような支部活動には、
・同業の知り合いが増える
・わからないことがあったときに相談できる
・売上がないとき、行政協力などの報酬がありがたい
というメリットと、
・時間が取られる
・報酬が無料の場合もある
というデメリットがあります。
　よいことばかりではありませんが、今の自分があるのも育ててくれた諸先輩方のおかげという思いから、いわば後進への恩送りという気持ちで取り組んでいます。

### ✅ 私の特徴

　私は自分のことを、「長年の業界経験を活かして幅広くアドバイスできる社労士」だと分析していますが、とはいえ自分の売りとなる部分や強みとなる部分は、自分では意外とわからないものですので、この分析も的外れなのかもしれません。自身の社労士としての強みに悩んでいる方は、周囲の人に「自分のイイところはどんなところか」などと尋ねてみるとよいかもしれません。
　最後に、失敗を恐れずチャレンジしてみる精神の大切さを、あらためて強調したいと思います。とにかくいろいろなことに臆せずトライした方が、なにごともうまくいきます。
　ともに社労士業界を盛り上げていきましょう！

## 松原　熙隆（まつばら　ひろたか）

松原HRコンサルティング（社会保険労務士事務所）代表
1972年生まれ、千葉県出身。
早稲田大学法学部卒業後、住宅メーカーで1年営業職に従事し、大手社会保険労務士事務所に入所、25年の勤務を経たのち、2021年4月に独立開業。

外資系企業やエンタメ系企業を中心に人事労務相談、就業規則作成、労務DD（監査）、IPO支援コンサルティング、各種セミナー、給与計算、社会保険・労働保険業務など幅広い業務に従事。特定社会保険労務士付記。

著書「パッとつかめる実務のステップ　図解　働き方改革法　らくらく対応マニュアル」（第一法規、2019）、「ケースでアドバイス　労働時間・休日・休暇の実務〜テレワーク時代でも迷わない判断のポイント〜」（第一法規、2022）など。

# CHAPTER 3
## 二刀流型社労士

他事業とのハイブリッド！

CASE 13 〜 CASE 18

**二刀流型** 社労士×終活サポート

# 就活から終活まで。
# あなたの心の声を聴きます。

**CASE ⟨13⟩ 斉藤　梨絵**

### ✓ 医療ソーシャルワーカーを目指すきっかけ

　私は医療ソーシャルワーカー（MSW）として10年程勤務するなどした後、社労士となりました。MSWとは、病院等において転院・退院援助、施設紹介、介護保険制度はじめ社会保障制度の説明、その他患者さんからの相談対応などを業務とする職員です。社労士としては、本稿執筆時点でまだ開業3か月です。

　MSWを志したのは、20年以上前、当時11歳の弟が「脳腫瘍」というガンで亡くなったことがきっかけです。学生だった当時の私にとって、誰かの死に接した経験などほとんどありませんでしたし、ましてや自分より若い弟を失うなど信じがたいことでした。

　自宅療養の期間には、看護師である叔母がケアをしてくれていました。どんどん痩せていく弟の姿を目の当たりし、私は病気の恐ろしさを実感したのでした。

　この経験から、高校3年生となった私は病院にまつわる仕事を志し、その中でもMSWを目指すようになりました。看護師職を目指すべきであったかもしれませんが、前述の叔母がケアする姿を見て自分には難しい仕事だと思われたことや、自分の性格に向いていそうだと思われたことから、MSWになるべく、「社会福祉士の受験資格」を得ることができる大学へ進学しました。

卒業論文は、「家で看取る」というテーマで作成しました。当時は介護保険制度が施行されて間もない頃で、訪問診療や訪問看護制度を利用している人もまだ少なく、「家で看取る」ことが今よりも圧倒的に少ない時代でしたが、私は弟の自宅療養の経験から、「たとえケア等が大変でも、家で最期までいっしょに過ごしたい人は少なくない」と考えるようになったのでした。

## ✓ MSW時代

　大学を卒業した2004年は、いわゆる就職氷河期でした。MSWの求人もほとんどありませんでした。北海道中の病院に電話をかけ、「新卒MSWの求人はありますか？」と問い合わせていた友人もいました。今でこそ、病院だけではなくクリニックにもMSWがいる時代になっていますが、当時はMSWがいる病院の方が珍しかったといえます。

　事実、私が就職した病院も、MSWがいない急性期病院（入院ベッド数80床）でした。そこで私は、「長期入院している患者さんについて、別の病院等へ転院、退院、施設入所してもらう」というミッションを与えられました。

　ミッションの達成には、介護保険等はじめ社会保障制度の知識が欠かせません。その患者さんにとってどんな制度が必要なのか、その制度を使うための手続きはなにか、勉強と役所への問合せを繰り返す日々を過ごしました。病院に泊まることもある毎日に疲れはて、大病院へ転職しました。この転職が、社労士となるきっかけになります。

　新たな病院では、医療福祉相談室という、公的医療制度を扱う窓口に配属されました。私（社会福祉士）1名と事務職員（無資格）2名、計3名体制でした。

　大病院ということもあり、あらゆる社会保障制度を覚える必要がありました。

制度ごとに申請の要件が異なっていたり、地域ごとに必要な診断書や書類の様式が異なっていたりするため、ここでも勉強と役所への問合せの繰返しでした。
　障害年金も、そこで学んだ制度の一つです。障害年金についての問合せに上手に応えられないことに悩んでいた私は、「障害年金のプロ＝社会保険労務士」ということを知り、その勉強をスタートしました。3年かかり、しかも救済合格でしたが、合格することができました。

### ✅ 社労士資格を活かしたい！

　社労士資格を得た私は、勤め先に人事職への異動を希望しましたが、あくまでMSWとして勤務してほしいということで、聞き入れてはもらえませんでした。一方、社労士資格を活かしたいという気持ちが強くなった私は、転職活動を開始しました。当時の北海道では、社労士業務未経験者を採用する事務所はみつからず、不動産会社に採用されました。この会社でも社労士の関連業務はできませんでしたが、かわりにキャリアコンサルタント資格との出会いに恵まれました。自身の転職経験などについて真摯に聴いていただき、とても気持ちがスッキリした経験と、MSWで培った傾聴力がキャリアコンサルタントにも活かせるのではという考えから、自分でも同資格をとりました。
　その後も別の会社に転職しましたが、社労士業務自体はまったく経験しないまま、念願かなって2024年に事務所を開業しました。
　事務所名（屋号）の"Office You Key"には、「社労士は、あなたがカギです」というメッセージが込められているほか、弟の名前「ユウキ」にもちなんでいます。
　現在の業務は、キャリアコンサルタントや社会福祉士としての講師業をメインとしています。医療や介護の現場にて、ご自身の

キャリアに悩んでいる方たちの心の声を聴くことをモットーに活動しています。

### ✓ 終活の啓発活動

　時系列が前後しますが、不動産会社勤務時代、「終活」について学ぶ機会があったことから、2017年より「一般社団法人終活マイライフ」を設立し、その理事として北海道を中心にセミナー等で講演したり、インターネットラジオ「ゆめのたね放送局」の「365日のマイストーリー」という番組のパーソナリティとして終活について発信したりしています。

　また、（一社）終活マイライフとして、「わたしのみらいノート」という名前の、独自のエンディングノートを作成しています。

　最近では、エンディングノートはよく知られるようになりましたが、知名度こそ高まっているものの、実際に作成している人は多くはありません（一説には、エンディングノートを知っている人のうち、最後まで書き上げた人は1%とのことです）。そのため、私たちの「わたしのみらいノート」は、記載に悩む負担を減らせるようチェックするだけの項目を設けるなど、簡単に作成できる工夫を凝らしました。

　エンディングノートは、書店で売られているもの、生命保険会社や葬儀屋が作成したものなど、無数にあります。ぜひいろいろとお手に取っていただき、多くの方に自分に合ったものをみつけてほしいと思います。

　私は各活動を通じて、終活は若いうちから考えてほしい、といつも伝えています。いざ病気になってからでは、なかなか整理整頓もできないものですし、今後について話し合うことも「縁起でもない」とはばかられるものです。多くの人が、若くて健康なうちから、家族と終活について話し合ってほしいと、いつも願っています。

### ✅ 社労士として就活から終活までを支えたい

　本書のテーマである社労士と「終活」は、一見するとあまり関わりがないように思えるかもしれませんが、どちらも「年金が大切」という大きな共通点があるなど、私にとってはどちらも欠かせないものです。

　ここまでお話ししましたとおり、私はまだ社労士としての実務経験が圧倒的に少ないながらも、「就活から終活まで」をモットーに活動しています。

　「就活から」については、私自身の転職を繰り返した経験や、キャリアコンサルタント資格も活かし、キャリアコンサルタント養成講座の講師や、高校生への就職ガイダンス・面接対策講座なども担当しています。「終活まで」については上記のとおりです。

　社労士は、各種手続きや年金など、活躍の場がたくさんありますが、それ以外にも私のようにできる業務があるといえます。みなさんぜひ一緒に頑張りましょう！

## 斉藤　梨絵（さいとう　りえ）

Office You key 社会保険労務士事務所 代表
1981年生まれ、北海道室蘭市出身。
28年前に弟を亡くしたことから、医療ソーシャルワーカーを目指す。
北海道立室蘭栄高校卒業後、北海道教育大学教育学部生涯教育課程健康福祉コースを卒業し、急性期病院へ入社。
社会福祉士取得。
医療ソーシャルワーカーとして、主に、退院支援業務に就く。その際、介護保険制度、身体障害者手帳、医療費制度などさまざまな制度について学ぶ。大学病院へ転職後、障害年金の説明をする機会が多く、社会保険労務士を目指す。大学病院では、0歳児のお子さんから、高齢者まで幅広い社会保障制度について説明。毎日約50人へあらゆる制度の説明を行っていた。
その後、ケアミックス型病院在職中に、社会保険労務士に合格。
不動産会社・イベント会社を経験。
不動産会社時代に「終活」の大切さを学ぶ。
2017年　一般社団法人終活マイライフ　理事就任
　　　　北海道各地で「終活」セミナー開催
2022年8月〜フリーランスとして、キャリアコンサルタント、社会福祉士としての講師業スタート
同時に「ゆめのたね放送局札幌スタジオパーソナリティー」として、毎週水曜日11:30〜「365日のマイストーリー」配信中
2024年8月1日　Office You Key 社会保険労務士事務所開業
現在は、就活から終活まで、心の声を聴くことをモットーに活動中。

**二刀流型** 社労士×不動産投資

# ストック収入に魅せられた社労士。顧問料と家賃収入で安全経営！

## CASE ⟨14⟩ 菅野 満義

### ✓ 自己紹介

"毎月花火が打ち上がる街"秋田県大仙市にて、開業社労士と大家業を行っています。

地方は社労士の関与率が低く、新規法人数も少ないため、開業7年目ですが顧問件数はなかなか増えず、行政協力による売上が大きなウエイトを占めています。

しかしながら、秋田県は社労士不足のため行政協力による仕事が充実していて、公的なポジションも多くあり、活躍の余地があります。

私の場合、開業1年目から厚生労働省の事業である「働き方改革推進支援センター」のセンター長に就任し、専門家登録をする社労士の中では当時最年少にもかかわらず、県内開業社労士の4分の1にあたる約30人をマネジメントする立場となりました。

### ✓ 東京上京から社労士開業まで

私は秋田県でのんびり高校まで過ごした後、専門学校へ入学するため、上京しました。

東京では、架空請求詐欺やマルチの勧誘、劣悪な労働環境といった数々の法的な問題を見聞きし、少しずつ法律および法的な資格取得に興味を持つようになりました。

縁あって不動産会社に就職し、宅地建物取引士と2級FP技能士を取得しました。この不動産会社にて、サービス残業が横行するなど劣悪な労働環境を経験したことから、社労士を志すこととなり、5年程勉強した後、無事に合格しました。
　この時期、何度かの転職を経て、創業2年目の、社長と私と同僚だけという小さな会社にたどり着きました。
　この会社では、不動産売買仲介営業や商品の仕入れ、賃貸管理、重要事項説明書の作成など、不動産会社に必要なノウハウをひと通り経験することができたほか、自身でも区分マンション投資を開始するなど（秋田県に移住後に売却）、大きく影響を受けました。不動産の競売にも興味を持ち、競売不動産取扱主任者資格も取得しました。
　この会社も、社労士試験合格を機に、実務経験を積むため退職することを決意し、約9年間身を置いた不動産業界を後にしました。
　その後、東京から秋田に戻り、勤務社労士として税理士法人兼社労士法人や老人福祉の会社への就職（・挫折）を経て、平成30年11月に社労士事務所の開業を決意します。
　この間に競売で自宅を落札し居住していましたので、この自宅での開業となりました。

### ✓ 社労士事務所開業後

　不本意なかたちでの開業だったため、計画的な準備もできていませんでした。
　実は、事務所開業の際、FPサービス、生命保険代理店、婚活サポート等の事業も開始したものの、これらは全く売上に結び付きませんでした。
　とはいえ、既に社労士登録をすませているので、支部長と副支部長に開業のご挨拶をしたところ、地域の現状や行政協力のこと

など、いろいろと教えていただくことができました。

お話によれば案外、顧問先が少なくても生きていけるとわかり、非常に安心したことを覚えています。

ちょうどその頃、年金相談員の研修の案内が届き、参加することができたため、順調にいけば研修終了の半年後には最低限生活できる収入の目途がつきました。

その間、ホームページ、名刺、料金表の作成など事務所の体制を整えつつ、専門実践教育訓練給付金を活用してキャリアコンサルタントの養成講習に参加し、合格もしました。

平成31年3月、ホームページも完成し、そろそろ本格的に営業という矢先に、ある電話の着信がありました。社労士会事務局長より、冒頭で触れた働き方改革推進支援センターのセンター長への打診でした。大役にひるみつつも、翌4月から着任することを了承しました。

### ✓ 働き方改革推進支援センター

当時は、働き方改革関連法の施行時期であり、円滑な法施行を促進するためセンターは大きな役割を担っていました。

私は事業の進め方に戸惑いましたが、目標や事業目的は仕様書に示されていましたので、それに沿って一つずつ着実に戦略を考え、行動した結果、無事全ての目標を大幅に上回ることができました。成果を示したことから、次年度以降もセンター長に任命されることになります。

センターでは、いろいろな先生方の相談対応や相談内容を記載した書類を500件以上見る機会もあって、労務知識を深めることができ、社労士としての実力もついたように思います。

結局開業1年目は、センター長の仕事が月に約16日のほか、年金相談員が月に約3日、総合労働相談員が月に1日と、完全に行政協力だけでスケジュールが埋め尽くされていました。この

とき、恥ずかしながら顧問先は0件のままです。とはいえ、年間売上が400万円程でほぼ経費もなかったため、十分に生活できました。

開業2年目には、社労士試験合格当時に在籍していた会社と顧問契約することができました。初めての顧問先です。ここから1年に数件ずつのペースで、顧問先が増えていきます。

以降も売上は年々上昇し、資金が潤沢となったため、投資用不動産の購入を5年ぶりにスタートさせました。

### ✅ 不動産投資

私の投資スタイルは、田舎でも賃貸需要の高いファミリー向け戸建またはファミリー区分マンションです。

この当時は新型コロナウイルスの全盛期で、二拠点生活がもてはやされていたこともあって、自分が将来住みたい家を目標に物件を検討し、3年で3つの物件(地元、大分県別府市、千葉県千葉市)を購入し、以後現在まで家賃収入を得ています。

不動産投資は社労士業の顧問契約と同様、ストック収入を得られることから、社労士業と相性がよいと思っています。現にまわりの社労士の方も、実は不動産投資をしていたとよく耳にします。

### ✅ 現在の状況

現在、行政協力の売上と事務所売上が5:5の比率となっています。令和6年の売上は、過去最高となる見込みです。このほかに戸建2戸と区分マンション1戸からの家賃収入があります。

令和6年には認定経営革新等支援機関に登録しました。社労士の種別として県内で唯一登録されており、経営支援の幅を拡大した取組みも始めています。「人を大切にする社労士」をコンセプトに、ブランディングから事務所の内装まで一貫して手掛けようという取組みです。

事業以外でも、地域や会務での活動も活発に行っているほか、日本FP協会秋田支部、秋田県や大仙市、日本年金機構などから委員等に委嘱され、ボランティア活動にも従事しています。

### ✓ 今後の展望と読者へのメッセージ

家賃収入と顧問契約でストック収入を増やしつつ、ひとり事務所から脱するべく、従業員を雇用することが当面の目標です。私自身もしっかりと「人を大切にする経営」を実践できればと思います。

地域特有の喫緊の課題として、社労士の高齢化があります。現状で、地域の社労士の半数以上が70代となっています。将来的には大きな変化が予想されますので、企業の受け皿となれるよう、準備を進めていく予定です。

社労士の会員数は増加傾向にありますが、一方で地方では社労士が不足しています。地方は法人数が少ないですし、顧問社労士に不満があっても乗り換えるケースは稀で、事務所の引継ぎ等でもない限り顧問件数が増えにくい状況といえます。

一方で、地域での社労士の役割が年々増えており、行政協力の仕事の登録希望者も増加傾向にあります。少なくとも秋田県内では、健康上の理由以外で廃業する社労士はほとんどいません。

事務所開業は怖かったですが、なってしまうと意外と何とかなるものです。ぜひ、チャレンジしてみてください。秋田県で登録するのであれば、私もできる範囲で応援いたします。

## 菅野　満義（かんの　みつよし）

大曲FP労務コンサルティング 代表
1982年生まれ、秋田県大仙市出身。
不動産会社、ITエンジニア、税理士・社労士法人の勤務を経て、2018年に社労士、ファイナンシャルプランナー、婚活サポート事務所を開業。
社労士の区分として、秋田県内初の経営革新等支援機関。経営・創業支援も行っている。
不動産会社在職時に投資用不動産の販売・仲介と購入後のアフターサービスとして、賃貸管理を経験。1,000件以上の内見や不動産管理の実績から入居率の高い不動産賃貸経営を実践し、自身でも大家業を行う。
地域では数多くの役割を委嘱され、秋田働き方改革推進支援センター センター長、日本FP協会秋田支部 副支部長、日本年金機構年金委員、秋田県結婚サポーター、大仙市男女共同参画審議会委員など広い分野で活躍中。

**二刀流型** 社労士×広報

# 社労士と広報スキル。

## CASE 15　吉田　泰子

### ✅ 広報と社労士の親和性

　私は広島にて、社労士とフリーランス広報として活動しています。
　活動を始めた当初は、社労士と広報の関連性に不安を抱いていましたが、実際に動いてみると、働きやすい職場環境の実現という点で両者の親和性が高く、企業の内部と外部のコミュニケーションを共に改善できることに気が付きました。
　社労士として関与する中小企業には広報部門がないことが多く、優れた商品やサービスがあっても、その認知に苦労しているケースがよく見られます。そこで、広報のスキルが非常に役立ちます。
　また、企業の成長には従業員同士の信頼関係や会社への理解を深めることが不可欠であり、社内コミュニケーションの活性化も、広報の大事な仕事の一つです。

### ✅ 資格取得から始まった社労士としての静かなスタート

　私が社労士試験の勉強を始めたのは20年以上前で、当時は設計業務に従事していました。8時から17時までの勤務形態で、残業もなく時間に余裕があったため、いわゆる難関資格に挑戦してみようと思い、社労士試験の合格を目指しました。しかし、業務とは無関係な分野からのスタートだったため、合格するまでに

5年かかってしまいました。

　合格後、喜びのあまりすぐに開業登録をしたものの、本格的に開業する予定はありませんでした。時折、知人の会社の相談に乗ったり、新聞にコラムを執筆したり、メルマガを発行したりと、細々とした活動を続けていました。また、製造業に勤務していたので、社内で衛生推進者として安全衛生委員会を主導したり、メンタルヘルス対策を推進したりと、多少は社労士の知識を活かす機会もありました。とはいえ、本格的な活動には至らず、毎年の年会費をまるでお布施のように支払い続けている状態でした。

　その後、設計業務から広報部門へ異動したことで、私のキャリアは大きく変わります。社労士資格取得後、目標を失い時間に余裕ができたため、会社の広報活動を自発的に始めたところ、予想以上の反響があり、関与する企業が増えていったのです。その結果、広報部が設立され、"ひとり広報"としてその担当を任されました。これにより、100年企業のリブランディングやメディアリレーションズ、SNS運用、イベント企画・運営、危機管理、社内報作成など、多岐にわたる業務を経験することができました。

　しかし、経営層の交代に伴い、会社方針と合わなくなったことから、2023年に独立を決意しました。

### ✅ 広報支援と社労士の強み

　独立当初はさまざまなことに手を出していた自分のキャリアに迷いを感じることもありましたが、とにかく得意な分野を伸ばそうと決意して、思いついたことに取り組み続けています。

　現在は主にフリーランス広報として、企業の広報支援、SNS運用支援、セミナーの運営などを行っています。また、前職の繋がりから、公益社団法人日本パブリックリレーションズ協会（PRSJ）の企業部会幹事を務め、ゼミやフォーラムの運営に携わ

り、さまざまな企業の広報担当者と交流しながら事例共有や情報提供をしています。

広島に拠点を置きながら、リモートでの活動が可能であることに感謝する日々です。

これらの経験を活かし、地方で悩む広報パーソン同士が繋がり、情報共有ができる場として、広島で「広報勉強会」を立ち上げました。

社労士という国家資格を持っていることで、これらの広報活動においては信頼性が増し、フリーランスとしての差別化にもなっています。実際、社労士としての労務に関する知識は、広報活動におけるコンプライアンスの確保や説得力の向上、危機管理対応にも役立っており、信頼性の裏付けとなっていると感じています。

現在は年金相談や行政協力、スポット対応など社労士としての活動もしていますが、広報関連の依頼が中心となっています。

### ✅ 中小企業こそ広報が大事

中小企業が成長するためには、優れた製品やサービスだけでは不十分で、広報戦略が非常に重要です。どんなに素晴らしい商品でも、その魅力を伝える手段がなければ、潜在顧客に届きません。また、組織がまとまっていないと商品開発も進みませんし、従業員のモチベーションも低下してしまいます。広報は単なる宣伝ではなく、企業の成長を支える重要な役割を果たしています。

以下、私が以前取り組んだ広報戦略をいくつか挙げます。

社内の風土づくりとして、ミッション・ビジョン・バリュー（MVV）を社内に浸透させるため、社内イベントを企画したことがありました。このイベントを通じて、全社員が同じ目標を持つ環境を整えることができました。その結果、従業員のストレスが軽減され、離職率も下がりました。さらに、生産性の向上にも繋

がったと感じています。

　また、SNS戦略の見直しにより、フォロワー数を100倍に増やしたことがあります。会社の露出が増えたことで採用活動にも大きな効果を発揮しましたが、フォロワー増加を社内に周知することで、従業員が自社の魅力を再認識し、エンゲージメントも高まりました。

　社内広報と同様、社外広報も、企業のブランド価値を高め、外部との信頼関係を築くために重要です。

　たとえば、SNSを駆使してポケモンやガンダムのライセンサーと連携し、コラボレーションを実現したことがあります。このような世界的に有名なコンテンツとコラボすることで、会社のブランド認知度が大きく向上しました。また、営業活動では、顧客との関係が深まり、外部からの評価も上がりました。さらに、従業員にとっても、好きなコンテンツとコラボすることが大きな喜びとなり、モチベーション向上に繋がりました。

　新聞などのメディアとしっかり連携し、経営層の回顧録を連載してもらったこともあります。新聞という信頼性の高いメディアを通じて企業のストーリーや成功事例を広く発信することで、企業の社会的信頼やブランド力が向上し、長期的なブランディングに大きく貢献しました。加えて、新聞は就活中の学生の親世代にも届きやすく、採用活動にもよい影響を与えました。

　このように、広報戦略はブランド認知の向上だけでなく、従業員のモチベーションを高め、企業の成長を促進します。ビジョンや価値観の共有により一体感が生まれ、企業文化が根付き、業績向上にも繋がります。社内外での広報活動を通じて、従業員が目標や価値観に共感し、積極的に関わることで社内に活気が生まれることを実感しています。

### ✅ 広報と社労士のスキル融合

　現状では広報業務の比重が大きいものの、将来的には社労士業務にもっと広報の経験を活かし、企業の社内外コミュニケーションをより活性化させ、働きやすい職場環境を作るお手伝いをしたいと思っています。

　近年では、さまざまな法改正により、中小企業にとって新たな負担が増えてきていますが、適切な社内外のコミュニケーションを通じて負担を軽減し、企業が持続的に成長するためのサポートができると考えています。地方企業や中小企業を中心に、広報と社労士のスキルを活かし、経営の安定と成長を支援していきたいです。

　また、広島で立ち上げた広報勉強会を通じて、企業同士の繋がりが生まれ、コラボレーションなど新たなビジネスの可能性が広がってきました。地方の中小企業が元気になり、さらなる発展を遂げるための支援をこれからも継続していくつもりです。

### ✅ 過去の経験を活かしてキャリアを築く

　これまで私は、ショップ店員、設計業務、安全衛生、広報といったさまざまな職業を経験してきました。一見すると一貫性がないようにも見えますが、振り返ってみると、どの経験も現在の自分にとって重要なスキルを培ってきたと感じています。

　例えば、ショップ店員の経験は、イベントやセミナー運営に役立ち、設計業務で得た知識は製造業への理解を深めました。また、安全衛生の知識はリスク管理に活きていますし、広報の経験でコミュニケーションスキルが向上し、広い視野を持つことができました。

　ここに至るまでの経験はムダではなく、今の自分を形作る重要な要素となっています。過去の経験は必ず活かすことができるので、これからも前向きに挑戦していきたいです。

自身のキャリアに悩んでいる方も、これまでの経験を棚卸ししてみることで、新たな道が見つかるかもしれません。私も今後、挑戦を続けながら成長していくつもりです。

**吉田　泰子**（よしだ　やすこ）

吉田泰子社会保険労務士事務所 代表
広島県出身。
大学卒業後、大手流通業でマネジメントを経験し、その後、製造業にて設計業務に従事しながら広報に携わる。2005年に社労士登録を行い、副業としてメルマガ発行、年金コラム執筆などの活動を始める。
広報としてはSNSを通じてファンコミュニティを運営し、延べ1,000通以上の手書きの手紙を受け取るほかリブランディング、メディアリレーションズ、イベント企画など多岐にわたる業務を担当する。
2023年に独立し、社労士及びフリーランス広報として、広島在住ながら企業のコミュニケーション支援に尽力している。
公益社団法人日本パブリックリレーションズ協会 企業部会幹事

**二刀流型** 社労士×開業支援

# 実務経験ゼロからの「複業」開業。

## CASE ⟨16⟩　森田　舞

### ✓ 「独立開業できる資格」に引き寄せられ……

　世の中には収入が安定しており、職を失うリスクも少ないような「一生安泰な仕事」もあるのでしょうが、私たち夫婦の働き方はずっと不安定で、ともに転職を繰り返してきました。「とにかく働けるところ」という基準で仕事を選んでいた私たちは、残業代が出ないとか、ボーナスがほとんどないとか、有給休暇が取得しにくいような職場でばかり働いていました。

　将来的に不妊治療が必要になるとわかっていた私は、「この勤め先では不妊治療の付き添いや立ち合い出産などが難しい。起業しよう」と思い立ちます。20代後半のことです。

　その具体的な選択肢が、「夫婦で国家資格を取って開業する」だったのです。

### ✓ 無職夫婦・実務経験ゼロからの開業できた理由

　2002年11月、幸運にも夫婦で合格できたものの、社労士としての実務経験は当然ありません。年齢もまだ若く（30代前半）、「私たちに仕事を依頼してくれる人などいるのだろうか」と悩んだ末、「社労士は業務範囲が広く、勉強しても追いつかない。相談できる先輩や情報交換できる仲間をまずは作ろう！」という発想に至りました。

当時はまだスマホもない時代です。たとえば開業準備について知りたくとも、なかなかぴったりの情報が見つかりませんでした。おそらく私たちと同じように知りたい人がいるはずと考え、始めたのが「めざせ開業ダッシュ！ 社労士・行政書士開業準備中！」というメルマガでした。

　合格から開業まで、自分たちがやったことなどを配信しました。想定通り、同じように開業や開業準備に興味のある人が少なからずいて、1,300件以上の登録がありました。

　事務指定講習（社労士登録に必要な実務経験のない人が実務経験のかわりに受ける講習）の課題も、私たちだけでは難しく、長野に住みながら東京で勉強会を開きました。

　「みんなと一緒にやるってすごい！」と仲間との助け合いの素晴らしさを目の当たりにした私は、メルマガからスピンオフして「開業ダッシュの会」というものを始めました。

　先輩をお呼びした勉強会だけでなく、参加した人たちの出会いの場になるように「全員名刺交換会」を企画し、東京・大阪・広島・岡山などで開催しました。開業前から全国各地の仲間と出会えたことで、業務の相談にも乗ってもらえる安心感から、お客様への信頼に繋がりました。「この部分は、私たちより詳しい仲間がいるので、相談してみますね」と言えることが心強く、仲間の存在が励みにもなりました。

## ✅ 事務所名に込めた想い

　開業するときにみんなが悩むのが、事務所名ではないでしょうか。

　私たちの開業当時は「苗字＋社労士事務所」のようなネーミングが主流でした。とはいえ、夫は行政書士でもあるし、「社労士・行政書士事務所」では長いしで、自分たちにとっては違和感がありました。なにより、「社労士・行政書士業に限らず、お客

様の役に立てるならなんでもやりたい」という思いもありました。

　そんなとき、ある知り合いの"サポートオフィス"というネーミングに出会い、これに惹かれて「もりたサポート・オフィス」と命名することとしました。

　当時、社労士会からは名称の変更を求められましたが、「他県で前例があります」と押し通したほど、思い入れのある名前です。

### ✅ 必要とされるものを生み出す・創り出す

　お役に立てることを仕事にしていく方針で事務所を立ち上げたので、社労士業務以外にもいろいろなことをしてきました。

　地域のボランティア、まちづくりの活動のほか、二人の娘のママになったことからママの団体（ゆめサポママ@ながの）を立ち上げ、共同代表をしています。

　なかでも1番長いのが、2007年から続けている「コーチングスクール（コーチングアカデミー）」の長野校の運営です。コーチングが「人の能力を引き出すコミュニケーション」として日本に入ってきて数年たった頃は、オンライン講座もない時代でした。私は東京や名古屋で勉強しており、「地元長野でもコミュニケーションに悩む人は必ずいるはず！」という思いから、長野校を立ち上げさせてもらいました。最近では、「社労士こそコーチングが必要」という声をよく耳にするようになり、社労士特化でオンラインクラスも開講しています。

　また、50歳になる前に、「私だからできること・やるべきことは何だろう」と考えたときに誕生したのが、「ライフアップ講師養成プログラム」です。講師業は開業してから力を入れてやってきたものの一つで、ありがたいことに企業や病院での研修や行政主催のセミナー、PTA講演会や学生向けの授業などの依頼を、クチコミやリピートで20年近くいただいています。この経験を踏まえて、知識やノウハウを提供するプログラムでは、女性限定

で、子育てや介護など家族を大切にしつつ、さまざまな分野で起業している人のサポートをしています。

　開業前から5年半続けていた「開業ダッシュの会」も、2009年に卒業していましたが、復活を望むメッセージに後押しされ、2021年に「10年、20年と続けられる社労士であるために」をコンセプトに、オンラインコミニティとして復活しました。地方に住んでいたとしても、子どもがまだ小さかったり、普段働いていてなかなか動きがとりにくい人でも、オンラインで全国の仲間と出会えたり、勉強したり相談できる場があることでの安心感をお届けしています（*1）。

　求められるものを提供していく開業スタイルは、すぐ喜んでもらえるので、自分たちのやりがいや生きがいに繋がっています。

### ✅ 社労士業務以外をしている引け目

　開業当初から求められたことをやってきた私ですが、それでも引け目がありました。「社労士業務だけをやっているわけじゃないのに社労士と名乗ってよいのだろうか」という引け目です。

　開業して数年後、あるご縁で、地元で有名な長寿情報番組のコメンテーターのお仕事を1年半、月1～2回していました。その際、肩書きは「社会保険労務士」で出演してほしいと頼まれ、引け目を感じていた私はしぶしぶ承諾しました。

　そんな私の引け目を取り去ってくれたのは、その後県会の会長になられた、尊敬する大先輩でした。

　「テレビ見たよ！」と声をかけてくださった大先輩に、私の気持ちを伝えました。すると、返ってきたのは「そんなの気にすることないよ！」「それよりも、社労士というものを知ってもらえる機会だから、もっともっといろいろ頑張って！」という言葉だったのです。

　この言葉から、私は「自分だからできることがある」と思える

ようになりました。社労士として豊かな知識や経験、実績のある方はたくさんいます。そのような先生を希望する人も、当然たくさんいます。その一方で、複雑なことではなく、ちょっとした相談をしたい、というニーズもあるのではないか。「ちょっとした相談ができる身近な社労士」であれば、なれる気がしたのです。

### ✅ 社労士としての働き方も「多様性」へ

今では、行政関係（市町村）・学校関係（保護者・学生）・子育て中の方など幅広い分野で活動することで、多くの方に社労士を周知できただけでなく、私自身も視野や人脈が広がり、社労士としてもよりよい情報をお届けできたり、違った角度からのアドバイスができるようになりました。

私たちが実務経験ゼロ、人脈もお金もない中での開業から20年以上続けられたのは、「協力し合える仲間づくり」と「分野を絞りすぎずにお客様のニーズに応える」を大切にしてきたからだと思います。

今は、直接会わなくてもオンラインで仕事ができる時代です。もっと多様な「仲間づくり」や「お客様のニーズに応える」方法が出てくることでしょう。

### ✅ 合格の神様に微笑んでもらった私たちがやるべきこと

社労士試験は本当に過酷なものです。たくさんのものを犠牲にして、勉強に立ち向かわなくてはなりません。しかも合格できるのはごく一部の人で、1点差に涙する人も少なくありません。

にもかかわらず、その狭き門を突破したとしても、合格だけでは私たちを幸せにしてくれません。合格することがゴールになっていると、合格後に「何のためにがんばってきたのだろう」となってしまうかもしれません。

「社労士は食えない」「取得してもそこまで使えない」などとい

う言葉を目にすることすらありますが、そんなことはないと私は思います。少なくとも私は、合格したことでいろいろな人と出会うことができ、幸せです。

　これからも「出会いと学びで人生が変わる」をモットーに、よい出会いとよい学びの場を作っていきたいと思っています。ここまで読んでくださったみなさんとも、いつかどこかでお目にかかれる日を楽しみにしています！

### 森田　舞（もりた　まい）

社会保険労務士・コーチングアカデミー長野校校長
1973年生まれ、長野県長野市出身。
偏差値50の可もなく不可もない平均点高校を卒業後、推薦入試で神奈川県厚木市にある湘北短大（生活科学科）を卒業。受験勉強をほとんどしたことない中、夫婦無職で挑んだ社労士試験に救済措置のおかげで2人同時合格。実務経験ゼロから2003年開業。
現在は、コーチングアカデミーインストラクターとしての企業研修・PTA講演会などの講演のほか、子どもの夢をサポートできるママを増やすべく「ゆめサポママ＠ながの」共同代表としても活動中。
長野県子供の自殺対策プロジェクトチーム構成員・長野県社会教育委員・長野市男女共同参画審議委員。不妊治療を経て授かった子どもたち（小・中学生2女）の母として、夫婦で子育て奮闘＆満喫中。
*1　「開業ダッシュの会　YouTube」で検索

**二刀流型** 社労士×ソーシャルワーカー

# 他の資格を活かして副業開業中。

## CASE 17 　中根　重宜

### ✓ 医療相談員兼ケアマネジャーとして勤務しつつ開業

　私は大学が社会福祉学部出身ということもあり、介護や医療の業界が長く、介護職、相談員、管理者などを経験してきました。現在は、中小規模の病院の地域連携室に医療相談員兼ケアマネジャーとして勤務しつつ、副業として自宅にて社労士事務所を開業しています。

　副業開業したきっかけは、リンダ グラットン／アンドリュー・スコット著『LIFE SHIFT～100年時代の人生戦略』(東洋経済新報社、2016)を読んで、将来に危機感を覚えたことです。

　また、所属している病院が副業について協力的である上に、自分の裁量で平日休暇、午前休暇、午後休暇を取得でき、柔軟に勤務ができることも、副業開業を後押ししました（ただし土曜出勤は多いです）。何より、自宅から自転車で通勤できる距離なので、子供を保育園に送ってから出勤できるのもありがたいです。

### ✓ 顧客ターゲット

　既にあるサービスや商品を売り込むことはありましたが、全くの新規から営業をするのは初めてでしたので、顧客の獲得方法がわかりませんでした。

　就業規則の作成・変更、助成金の代行申請、給与計算などを謳

うだけでは難しいと感じます。このフィールドで長年活動している先輩の先生方には勝てない、差別化が必要だと考えました。

そこで私は、まずターゲット層を絞ることとしました。介護、医療、福祉の業界が長いのと、社会福祉士、精神保健福祉士、保育士、介護福祉士、ケアマネジャーなどの福祉系の資格を所持していることもあって、医療・介護・福祉業界をターゲットに定め、培ってきた介護や医療に関する知識やストレスチェック実施者などの経験を売りにしようと考えました。

### ✅ ブランディング

次に、自分らしさを際立たせる、インパクトのあるブランディングがしたいと考えました。

これについては、林雄次・ado 編著『副業開業カタログ』（中央経済社、2023）にて紹介されていた肩書きを商標登録する手法に影響を受け、自分もそのような肩書きを作ろうと思い立ちました。「ケアマネ社労士」「社会福祉社労士」「メンタルヘルス対策社労士」などなど、思い浮かぶまま手当たり次第に書き出した末、「ソーシャルワーカー社労士」とすることを思いつきましたが、これは残念ながら商標の審査が通りませんでした。執筆の現在も、弁理士の先生とよい肩書きを考案・検討している最中です。

### ✅ 営業活動

副業開業してからは、本業の合間や休みの日などを利用して、営業活動を行いました。

封詰めなどに時間がかかるもののわずかに反応があったDM、全く効果のなかったFAXDM、精神的にも体力的にもきつい飛び込み営業、インパクトのある駅看板、自己満足感の強いフリー雑誌広告への掲載など、いろいろな手法を試しました。

開業当初は自作のHPを運営していたのですが、HP経由の問合せも全くありませんでした。あるとき「お金がかかってもプロに作ってもらったほうがよい」という話をきき、業者に依頼したところ、実際に問合せが増えました。今ではHPに限らず、自分の専門分野外などはアウトソーシングするようにしています。

　これらのようなさまざまな手法を試みた中で、一番効果的だったのは、おつきあいのある事業所やほかの士業の先生方からのご紹介です。信頼関係が必要なので時間はかかるものの、値段ばかりを心配する顧客などがいないので、安心です。ただし、ご紹介いただいた先生方や関係者の方の顔を潰さないように心がけるので、緊張もします。

### ✅ 現在の活動

　現在、私の所属する病院の地域連携室の医療相談員には、私を含めて4名在籍しているものの、ケアマネジャーは私だけで、38名くらいの利用者様のケアプラン作成を担当しています。

　地域ケア会議や地域交流会などに参加する機会も多く、そこで新しく知り合った事業所や関係者の方には、今の所属法人の名刺と社労士事務所の名刺も一緒に渡したりして、さりげない営業活動もしています。飲み会やゴルフコンペなどにも、時間が許す限り参加しています。おかげさまで、少しずつではありますが、顧問やスポット、セミナーの講師などの依頼が増えています。

　自分自身も自己研鑽が必要ですので、セミナーや研修は、興味のある分野や勉強したいものに参加するようにしています。集合研修で知り合った人たちと交流を持てるのも魅力ですが、副業開業の自分としては、限られた時間で受講できるオンラインセミナーもありがたいです。

　さらに、所属している社労士会の支部活動にも積極的に参加しており、今年度より研修委員として勤めています。東京都介護支

援専門員研究協議会にも所属しており、こちらでも研修委員として勤めています。

### ✓ 今後の展開

　副業での開業は、時間的な厳しさがありますが、家族や周囲の方々の協力もあり、がんばることができています。下の子供が卒園するまでは兼業で、小学校に行く頃には完全独立をしようと目論んでいます。

　開業社労士としては、医療、介護、福祉の業界で働いている人や、メンタルヘルスに悩んでいる事業所などに、少しでも貢献できればと思っています。仕事のご依頼は基本的には断りません。どんな難題でもチャンスと思って、挑戦をするようにしています。

　先日、東京都福祉サービス第三者評価の評価者の資格を取得したので、こちらにもチャレンジしていくつもりです。

　そのほかでは、資格を取得するのが好きなので、これも小さな努力を重ねていきたいです。現在は58の資格を保有しているところ、まずは100個の取得・保有を目指します。

### ✓ 読者へのメッセージ

　開業にはいくつかの方法があります。副業開業もその一つですが、私は副業開業を選択して本当によかったと感じています。経済的不安が減ることがなにより大きなメリットです。たしかに時間的制約もありますが、逆に時間に制約があるからこそ、本業にも副業にも集中できるという強みもあります。

　もちろん、就業先が副業を認めていることや家族の理解などが前提にはなりますが、いきなりの独立開業に不安を覚える方や、じっくり実績を固めて行きたい方などには、副業開業をオススメします。

　開業に悩む方のご参考になれば嬉しく思います。

中根　重宜（なかね　しげよし）

社労士事務所 NAKANXT 代表
東京都江戸川区出身。大学卒業後フリーターを経て1年間アメリカの有料老人ホームでボランティア留学をする。帰国後、介護施設にて介護職、相談員、管理者を歴任。その後、総合病院で医療ソーシャルワーカーとして勤務する。現在は自宅から近隣の医療機関で医療ソーシャルワーカー兼ケアマネジャーとして勤務しながら複業で社労士事務所を開業中。介護・医療・福祉業界の事業所のコンサルタントや定着支援、メンタルヘルス対策やセミナー講師などで幅広く活動。趣味は資格取得とゴルフ。保有資格：社会保険労務士、精神保健福祉士、介護福祉士、社会福祉士、保育士、主任介護支援専門員、ストレスチェック実務者など現在58個の資格を取得。
事務所ホームページ https://nakanext.com/

二刀流型　社労士×貿易ビジネス

## 「売りたい」を「売る」に変えてくれた資格独占。
### CASE ⟨18⟩　成岡　寛人

✓ **起業したい。でも、商品がない。**

　私はもともと、貿易・海外取引の仕事を15年程するサラリーマンでした。主に海外で商品を作る開発・購買等と、国内で販売する営業等をセットで行うため、毎月海外と日本を行き来して、商材と顧客の双方に関する業務を行っていました。海外出張の頻度はパスポートの出入国スタンプが3年でいっぱいになるほどで、夜行便（格好よく言えばナイトフライト）で寝て、到着した朝から仕事ということも多々ありましたが、若さもあって当時はどうにかできていました。

　そんな環境にはとくに不満もなかったのですが、貿易ビジネスの習熟度が高まっていくにつれ、元来の独立志向の性分と相まって、自分でやってみたいな、起業してみたいな、と思うようになっていきました。

　とはいえ、仮に独立するとしたら、と考えたときに直面したのが「自分には売る商品がない」ということでした。

　私にはとりわけ秀でた面などないので、たとえ起業しても、強い商品を持てなければ生き残れないと認識していました。どんな商品なら即廃業に追い込まれずに継続できるだろうかと、何年も頭を悩ませ続けました。独立したいという思いだけを抱えたまま、十年近くの月日が過ぎていきました。

あるとき、士業の方と出会い、独占業務というものを知りました。私は「これだ！」と思いました。国家資格による独占業務であれば、限られたプレイヤーの中で活動ができ、自分に向いていると直感的に理解した私は、独立の手段として資格の取得を決意しました。

　次の課題は、独占業務とはいえ、既にその世界では同じ商品を扱う先人が多数存在しているということです。そんな中で生き残っていくには、やはりいかに強い商品を持てるか、作れるのか、というところに立ち返らなければなりません。

　私の強みは貿易経験なので、海外という枠組みへ置き換えて考えたところ、外国人関連業務が経験的・人脈的・時代的にマッチするものと思われ、これを主力業務にしようと思い立ちました。具体的には、ビザ申請から入社後までのサポートができる行政書士と社労士のダブルライセンスで、労務手続・相談までを含めた外国人関連業務全般を扱おうと決め、実際に資格を取得して起業しました。

　未経験からダブルライセンスでの即独立・開業です。

## ✅ 現実に直面

　開業後は、計画どおり外国人関連業務を主として取り扱いました。しかし、実際に取り組んでみると、顧客としたい層への理解が不十分だったことに気づかされました。

　私が活動する静岡市であっても、外国人の在留者数自体は十分にあり、ビザ申請手続きのマーケットとしての規模もあります。私は入社後の労務手続・相談まで繋げたかったので、対象顧客は法人としました。日本語学校とのお付き合いもあったことから、留学生を含む外国人の卒業後の動向はある程度は見えていたので、静岡に残る外国人の割合や状況から需要予測をしていました。ところが、実際には就労に求めるビザの種類が予測と異なっ

たり、外国人を受け入れる就労先に地域差があったりして、静岡市周辺では私が求める法人向けの展開にはなりにくかったのです。

仮に一般企業として起業していたならば、廃業一直線だったことでしょう。その点、士業は在庫がなく、商品開発コストは低く、最低限かかるのも事務所経費と生活費程度ですので、事業方針の転換、取扱商品、対象顧客に対する軌道修正やテストがしやすいといえます。私がどうにか生き残ることができたのも、社労士・行政書士事務所であったからこそといえます。

### ✅ 売れる商品を売る

次は何を売っていこうかと思い悩んだ末、とりあえず売れるものは全部売ろう、市場の反応を聞こう、と方針を切り替えました。何のこだわりもありません。

ただ1点、「対象顧客は法人」という点だけは外しませんでした。信用資産を積み重ねやすく、社労士としての労務手続・相談・顧問へと関係が継続すると期待できるからです。

### ✅ 主力顧客層との出会い

いろいろな商品を扱っていると、さまざまなことが見えてきます。どの商品への引き合いが強いのか、どんな層のお客さんが求めくださるのか、どのような商品群を連続・継続的に買ってくれるのか等です。

私の場合、社労士業務と行政書士の業務、そして静岡という事務所の地理的特性が、建設業者の方々に求められる機会が多いということが、次第にわかってきました。

外国人関係で失敗したときとは異なり、建設業関係は、マーケットが見えやすいという利点がありました。多くの建設業者は看板を出していますし、許認可の面では国が許可業者を公表しているものです。また、事務所周辺は建設業関連企業が多数という

地理的特徴があったのです。

　対象業者数が見えやすく、存在エリアが把握しやすく、私の特性に合う会社が多いということで、建設業者向けの商品ラインナップを揃えて「建設業支援」を主力業務とすることにしました。

　建設業者も外国人の労働力を必要としているので、過去に外国人向けの業務で培った知識や経験も、無駄にはなりません。

## ✅ 社労士業務に過去の経験（貿易）を取り込んでいきたい

　建設業者向けに舵を切ったのには、貿易分野の知識・経験も活かせるという理由もありました。実は、建設業者のなかには、製造業を主業務とする会社が少なくありません。自社製品（建設用資材や備品など）を販売するために工事・施工が付帯し、そのために建設業を行っているという会社です。自社製品を製造・販売することが主目的なので、販路として海外へ目を向けることもあります。

　実際、社労士として接している建設業のお客様から、実は海外進出を検討していると相談されることがしばしばあります。

　そういったこともあって、社労士業務に加えて、このように貿易・海外取引が初めてであったり、ノウハウに乏しく進め方がわからないという企業のため、貿易コンサル顧問としての支援も行っています。

　なお、過去に「貿易社労士」を名乗り、名刺に書いて活動をしてみた時期もありました。そのときは「これはどういうこと？」と、興味を引くことはできていたものの、具体的な依頼にはほとんど繋がりませんでした。

　時を経て、経験と実績を重ねた最近では、状況も変わってきたように感じています。今後は再び「貿易社労士」として関心を持たれる存在となれるよう、取り組んでいくつもりです。

私にとっての貿易がそうですが、みなさんにも、それぞれ強みとなるご経験がおありのことでしょう。

それがどんなものであれ、社労士業務とシナジーを発揮する可能性は十分にあります。

ただし、それがいつ、どこのお客様に響き、求められるのかはやってみなければわかりません。私が独立を思い立ってから、「貿易×社労士」というスタイルにたどり着くまでには、十数年の時間を要しました。

大切なのは、継続することと、発信することといえるでしょう。自分の中だけに秘めることなく、失敗も恐れず、対象と思しき方へ発信し続ければ、いずれ道が開けることでしょう。

私においては、今後も静岡の地で社労士業務の先の貿易コンサル業務をより強化・発信して、より多く、より深く貿易の世界でも役立てることを望んでいます。

## ✔ 最後に伝えたいこと

私は貿易業界という異業種出身であり、社労士試験で勉強したこと以外は全く知らない、わからない状態での参入でした。

振り返ると、社労士資格はさまざまな経験や自身の強みと関連づけての価値提供がしやすい、門戸が広い資格だと痛感します。社労士業務の特性上、お客様と接点を持ち続けやすいことも、門戸の広さに繋がっています（単発業務になりがちな行政書士は、継続した依頼に繋がりにくいのです）。

社労士資格の可能性はさまざまにあるでしょうし、その具体的な手法は、各人の経験・強み・環境などによって大きく異なることでしょう。

私の経験が、少しでもみなさまのひらめきのきっかけになり、ご活動や商品作りの一助になったら嬉しく思います。

## 成岡　寛人（なるおか　ひろと）

社労士・行政書士事務所 敷地 代表
1978年生まれ。静岡県藤枝市出身。
貿易の専門学校で通関士資格を取得し、貿易の世界で15年間ほど従事。その中で業界全般における各業務を経験する。

その後は国際化の波を感じ、社会保険労務士および行政書士で海外関連業務のサポートを目指して静岡市駿河区敷地で開業。
現在では、建設業や製造業をはじめとした企業向けに外国人ビザや労務を含む、士業の各種手続き・相談業務を提供するほか、顧客企業の事業分野に関連する業務として、顧客自社製品の海外輸出等の貿易業務コンサルティングも行っている。

# CHAPTER 4
## 資格かけ合わせ型社労士

複数ライセンスで盤石！

CASE 19 〜 CASE 24

**資格かけ合わせ型** 社労士 × 唎酒師

## キラキラ輝く社労士へ～資格と経験の組み合わせで見つける自分らしい働き方～。

### CASE ⟨19⟩ 村谷　洋子

#### ✓ 唎酒師×社労士という新しい形

　デジタル士業®の林雄次先生には及びませんが、私も社労士（特定社会保険労務士付記）、キャリアコンサルタント、産業カウンセラー、第二種衛生管理者、秘書技能検定2級、全国SNSカウンセリング協議会登録SNSカウンセラー、調理師、唎酒師、焼酎唎酒師など、複数の資格を持っています。

　キャリアとしては、上場企業を含む数千名規模のチェーン店を持つ事業会社に30年近く勤務し、人事を中心にさまざまな仕事を経験してきました。

　現在も正社員として勤務しながら、フク業社労士（副業、複業、福業）として「むらや社労士事務所」代表を務めています。長い人事経験のうち採用担当歴17年、パートアルバイトからハイクラス層まで3,500名以上の面接、1万通以上の履歴書に目を通してきた経験から、社労士とキャリアコンサルタントの両面でアプローチできるのが強みです。

　また最近では、「唎酒師」としての活動も積極的に行っています。唎酒師の資格を取得したのは、飲食業経験があり、純粋に日本酒が好きだったからです。今では、キラキラ社労士®、唎酒社労士®を名乗っています。

　社労士と唎酒師は一見、共通点などないように見えますが、経

営者や企業の担当者の中には、日本酒に興味のある方も多数いらっしゃるものです。名刺をお渡しするだけで会話が弾みます。国酒である日本酒を広める活動は、社労士として「日本の社会をよくしたい」という思いと共通するものがあります。

　社労士＆キャリアコンサルタントとして活動しながら唎酒師として日本酒の勉強をしたり、イベント準備や事務対応をしたかと思えば、セミナー渋滞でスライド職人にもなったり……。ときどき自分でも何屋さんだかわからなくなります（笑）。

### ✅ 最後まで諦めない者だけが勝者となれる

　社労士受験のきっかけは、当時の上司が「人事部みんなで社労士受験しよう」と言い出したことでした。メンバーのうち最後まで残ったのは、その上司と自分だけでした。

　最初のうちは問題の意味すらわからないこともありましたが、3年目以降はそれもなくなりました。3年目は選択の雇用保険が2点足りず、4年目は択一の基準点まで2点足りず。5年目にして、社会保険一般常識の救済で何とか合格できました。

　合格発表の日、出張にて飛行機に搭乗中に上司より着信があり、到着後の空港にて折り返し電話をしたところ、「村谷さん、受かってるよ！　おめでとう」と言われて胸が熱くなったのを、今でも覚えています。

　自分がどうして合格できたか。
　最初の数年は「ここまで勉強したから意地でも合格したい」という気持ちが強かったものの、5年目の頃には「こういう社労士になりたい」という強い思いを持っていたからだと思います。

　長い採用担当経験の中では、さまざまな人を見てきました。100日連勤がつらくて転職を希望している方、子供ができたことを報告したら退職勧奨された方、給与未払いが数か月続き、我

慢の末に入社してきた方など……。

「労働法の知識があればこんなことにならないのに……。知らないで大変な目に遭っている人を救いたい、日本の労働リテラシー向上に寄与する社労士になりたい。」

強い思いが合格を引き寄せたと信じています。

余談ですが、「東京の合格祝賀会に参加して、社労士講座のパンフレットのセンターに載る」という目標もありました。残念ながらこれは叶いませんでしたが、その横には収まることができました（笑）。おかげで、「北海道からわざわざ来た赤いドレスの人」とDVD講座でお世話になった先生に直接お礼を伝えることができ、強烈なインパクトを与えることができたのです。この先生とは受講生コミュニティを通じて現在も交流させていただいています。合格後も学び合う社労士仲間の輪が広がっています。

### ✔ 会社員×開業社労士の両立スタイル

社労士としては行政協力を中心に、企業コンサルティング、セミナー講師、記事ライティング・監修、労働相談、各種カウンセリングなどを行っています。就業規則や助成金等のお仕事を直接いただくこともあります。このほかに、イベント企画運営、唎酒師として日本酒選定および講義も行っています。

行政協力のお仕事をいただくようになったのは、支部の募集への応募がきっかけでした。キャリアコンサルタントとして各所に登録を行っているので、そこからのスカウトも多いです。一度受託することで繋がりができ、違う事業でお声掛けいただくこともあります。唎酒師としても、社労士の仕事繋がりでご依頼をいただいています。

「人が好きで、人とのご縁で世界が拓けていて、そういう人を笑顔にしたい」という気持ちでアンテナを張り、いつも積極的に

行動しています。

### ✔ カウンター越しに労働相談ができる場

　これからも、労働法、社会保険法など、一見難しそうに見える分野を実務ベースでわかりやすく、スマートにカジュアルに伝えること、社労士になった理由である労働リテラシー向上の活動を続けていきます。

　具体的には、喋りもイケる社労士として「セミナー講師なら村谷さん」と言われることを目標としています。元オタクでマンガも描いていた人間なので、文章と絵やマンガとの組合せでの情報発信もしていきたいと考えています。

　唎酒師×社労士活動としては、「社労士飲み処洋子」をレンタル店舗にて開催するのが夢です。美味しい日本酒とつまみを肴に、お気楽に仕事やキャリアの相談を。カウンター越しにママ（私）に話したり、お客さん同士で仕事について語り合いくだを巻いたり……とっても楽しそうじゃないですか（笑）。

### ✔ そして未来の仲間たちへ

　私はよく、「正社員で勤務しながら、個人でも社労士としてずっと仕事しているなんて、大変でしょう？」と言われます。答えは「いいえ」です。

　受験生のときは、ただ法律に詳しいだけの「ただの人」。何度も「悔しい……」と思ったものです。

　資格を取得した今、社労士だからこそできる仕事、会える方、行ける場所ができ、とても幸せです。

　開業社労士としてお受けする仕事は、すべて自分が決めたこと。私自身に決定権があります。

　「これは難しいのでは？」とか「やったことないけれどもできるかな？」という仕事も含め、全てが自らの意思で実行できます。

自分のやりたいことをやっているので、正直「仕事」というよりは「遊び」に近い感覚で、日々楽しんでお仕事させていただいております（もちろん、仕事のクオリティはしっかりと！）。
　これは、会社員では味わえない体験です。どんな仕事も、羽が生えたように軽くフワリと跳び越えて行けるのです。
　「合格したら人生変わる」
　これは、決してウソでも大袈裟でもありません。
　受験生の方には、「最後まで諦めない者だけが勝者となれる」という言葉を胸に、「社労士になって実現したいことは何か」を明確に描くことをおすすめします。これがイメージできたとき、合格をつかみ取ることができるはずです。
　いつか一緒に活動できる日を楽しみにしています。あなたの力が、きっと誰かの役に立つことになるはずです。

## 村谷　洋子（むらや　ようこ）

むらや社労士事務所 代表

生まれも育ちも北海道。和食レストランチェーンで接客から人事部門を経験後、大手小売チェーンで人事実務を積み重ね、約30年にわたり人事・労務分野一筋で歩んできた。5年の挑戦を経て社会保険労務士資格を取得し、令和元年に副業開業。特定社会保険労務士、国家資格キャリアコンサルタントなど、人に寄り添う資格を軸に、働く人と企業の「いいね！」を増やすことをミッションとしている。厚生労働省の働き方改革推進支援事業の派遣専門家や札幌市の各種委員等を務める一方、調理師・唎酒師の顔も持つ異色の社労士として、「堅い仕事を柔らかく、親しみやすく」をモットーに活動中。労働法規や社会保険の知識を実務ベースでわかりやすく伝え、「キラキラ社労士®」「唎酒社労士®」として、北海道の企業と働く人々の幸せな未来づくりをサポートしている。

資格かけ合わせ型　社労士×税理士

# 「税務と労務の二刀流」をモットーに奮闘中。

## CASE ⟨20⟩ 宇田川　洋祐

### ✓ 社労士資格取得までの経過

　2023年9月に、社会保険労務士・税理士のダブルライセンスで独立開業しました。

　現在、「税務と労務の二刀流」をモットーに、中小企業・個人事業主様のビジネスをサポートしています。

　大学卒業時、世の中は就職氷河期の真っただ中。会社員となることにためらいもあったため、どこにも就職が決まらず、もれなくフリーター生活となりました。

　この時点で、一般の会社員として生きる道は早々に諦め、国家資格を取得して独立開業する目標を定めました。

　法学部出身で法律を学ぶことに親しみがあったことと、当時から年金不安の広がりや失業率の増加で労働問題への関心もあったことから、社労士のニーズの将来的な高まりを感じ、資格取得を目指すことにしました。

　2001年の初受験（選択式試験が導入された年）から、選択式であと1点に泣く悔しさも何度か経験しましたが、2005年、5回目の受験で合格できました。

### ✓ 税務の道へ方向転換するも……

　社労士試験に合格した自信と勢いをもって再就職活動を開始し

ましたが、社労士事務所の求人が当時ほとんどなかったうえ、十分な職歴もなく面接にすら漕ぎつけられず大苦戦。ようやくたどり着いたのは、ハローワークから紹介された小規模な個人税理士事務所でした。しかし、十分な研修もないまま強制的に担当先を割り振られ、残業・休日出勤の連続で、心身ともに限界がきてしまい、わずか4か月で退職しました。

　失意の中、地元の個人税理士事務所に再就職したところ、ここでは社労士資格を大いに評価され、8月の事務指定講習も有給扱いで行かせてもらうなど、大いに期待をかけていただきました。

　内心では事務所内事務所を開く構想もあったのですが、せっかく税務の道に進んだからと、社労士資格はいったん塩漬けし、働きながら新たに税理士資格取得を目指すことを決意しました。当初は畑違いへの方向転換で苦しみましたが、在籍中に会計2科目に合格できただけでなく、会計人としての基礎を身につけることができたのは、大変有難いことです。こちらには8年間の勤務の後、退職を機に社労士登録をしました。

　次に就職したのも、都内の税理士法人でした。既にすっかりベテランの会計事務所職員となっており、これまでの経歴を大いに評価されての入社でしたが、恒常的な人手不足のため業務体制も定まっていない中で、当初はひたすら交通整理に明け暮れました。やがて管理職にもなり、業務量と責任が増していきましたが、肝心の試験勉強との両立がままならず不合格を繰り返し、いたずらに月日と年齢だけを重ねる結果となってしまいました。

　そんな中、結婚を機に、一時は諦めかけたダブルライセンスでの開業を実現する最後のチャンスとばかりに思い切って退職し、試験勉強専念の身となりました。このとき45歳。年齢的にも背水の陣で臨んだ税理士試験でしたが無事科目合格し、税理士資格取得を達成しました。

## ✅ 税務と労務の二刀流、始動！

　税理士資格取得後、登録までの時間はひたすら開業準備に明け暮れました。

　まず、独身時代に一人暮らしをしていた部屋と同じ物件内の部屋を、事務所として契約しました。毎日のようにオフィス家具や備品を買い込み、内観づくりに勤しみ、知識ゼロの状態から本を片手に事務所のホームページ作成を進めました。特に頭を悩ませたのは料金表の金額で、高くもなく安くもなくの料金設定がこれほど難しいとは思いもしませんでした。

　税理士登録完了に合わせて、社労士も開業登録へ変更し、迎えた開業日には、お祝いのお花や電話、メールが立て続けに届きましたが、開業初月の業務依頼は、個別に連絡をいただいた税理士法人勤務時代に担当していたお客様の決算申告1件だけでした。

　結局、開業半年間で新規で獲得したのは、税務顧問3件にスポットでの社会保険適用、加入手続依頼それぞれ1件のみでした。

　それでも諸先輩方に自身の存在を覚えていただきたい一心で、社労士会、税理士会それぞれの支部で行われた新入会員歓迎会、賀詞交歓会や有志のビジネス交流会に参加する等、積極的に行動だけは起こしていきました。

## ✅ ダブルライセンスの効果、ようやく……

　地道な種蒔きがようやく実を結びはじめたのか、開業10か月目で、初めて就業規則改定のご依頼を受けました。依頼主は他士業先生より紹介された税理士先生で、同業者とあって最初は戸惑いもありましたが、内容にもご満足いただいたうえ、後に労務顧問のご契約もいただけました。

　また、税理士会主催の確定申告無料相談会で相談員としてご一緒した税理士先生から、やはりご自身の顧問先様の就業規則改定

のご依頼をいただきました。

　社労士・税理士それぞれの人脈により業務の相談や依頼を受けることも、ダブルライセンスで開業するメリットだと気づかされたほか、十分ビジネス化していけるというたしかな手応えと今後の事務所運営に向けた大いなるヒントを得られ、ここがひとつの転機となったような気がします。

### ✅ 今後の展望

　執筆の現在は開業2年目に入り、毎月コンスタントに顧問契約とスポット業務依頼をいただいています。

　自身が開業間もないひとり事務所であるためか、スタートアップの企業から顧問契約をいただくことが多く、税務会計はもちろん、社会保険・労働保険の加入手続、就業規則の制定、労働条件通知書の作成と、必然的に社労士業務の依頼も発生する流れとなっています。

　親族や同級生をはじめ交流会での出会いや、その後のご紹介により知り合った他士業、関連会社からもお客様のご紹介をいただいているのに加え、「税務と労務の二刀流」の特色も徐々に知れ渡ってきたのか、ホームページ上からの問合せも少なからずあり、慌ただしいながらも充実した時間を過ごせています。

　助成金申請のサポートも加えることで、より双方が潤う関係性を築いていけるようにするのが目下の方針・目標です。

　また、同じ士業の先生方に対するサービスも、現状では税理士の方に対する労務面の支援のみですが、いずれは社労士や他士業の方に対する税務面の支援もさせていただきたいです。

　開業と同時に、X（旧Twitter）での発信やホームページ上での定期的なブログ執筆を始めたのですが、今後は記事の執筆、動画での発信やセミナー講師など、世の中へ税務・労務双方の知識を広めていく活動をさらに広げていきたいとも考えています。

### ✅ ダブルライセンスで開業を目指す方へ

　社労士資格は、ほかの資格や経歴との組み合わせにより、無限の相乗効果を生み出す可能性のある資格といえます。

　私の場合はたまたま税理士という資格でしたが、ほかの資格でもオリジナリティを出すことで、絶好のアピール要素になりえます。

　ダブルライセンスであるがゆえ、それぞれの知識をアップデートしていく時間も労力も二重にかかる大変さはありますが、確実にビジネスのチャンスが広がっていくことでしょう。

　人それぞれ、置かれている立場や環境は違いますが、時間がかかってでもぜひ、目標達成までチャレンジを続けていってほしいと願っています。一緒に社労士業界を盛り上げていきましょう！

## 宇田川　洋祐（うだがわ　ようすけ）

税理士・社会保険労務士
東京都江戸川区出身。
大学卒業後、大手牛丼チェーン店勤務を経て2005年社会保険労務士試験合格。
翌年、29歳で個人税理士事務所に入所。その後、都内税理士法人に転職し通算16年間勤務。
会計記帳代行、税務申告、社会保険・給与計算業務のほか税務・労務相談や資金繰りを中心とした経営アドバイス業務に従事する。
2023年東京・南池袋にUDA税理士・社会保険労務士事務所を開業。
「税務と労務の二刀流」をコンセプトに中小企業、個人事業主のビジネスのトータルサポートを行っている。
一貫して少人数事務所に勤務した経験から特に小さな組織が抱える経理財務や人材に関するマネジメントの問題解決へのサポートが得意分野。

**資格かけ合わせ型** 社労士×FP

# 「社労士×ファイナンシャルプランナー」で、障害のある方とその家族の暮らしを守る！

## CASE 21　久保田　あきみ

### ✓ 障害年金専門の社労士

　現在、大阪府吹田市で「社労士とファイナンシャルプランナー（FP）」の事務所を開業しています。社労士としては「障害年金の代理請求」が、FPとしては「障害のある方とその家族のマネープラン」が専門です。社労士のうち、障害年金を専門にする社労士は、それほど多くはありません（界隈では「全体の一割程度」などと言われることもあります）。その障害年金を扱いつつ、さらにFPとしても相談業務を受けている私は、かなりニッチな存在といえるでしょう。

　ニッチな存在でありながら、開業から丸3年、これまで150件を超える障害年金の請求をしており、その9割はご紹介による案件でした。このように多くのご紹介をいただいたのは、社労士としての障害年金の知識に加えて、FPとしてのお金の知識があったからだと思われます。私にFP資格がなかったら、もっと苦難の多い社労士人生をおくっていただろうと確信すらしています。

　そして、最初からそのように目指してやってきたわけではなく、いろいろな方の声やさまざまな出会いがあって偶然、現在に至っています。

## ✅ 専業主婦からFPとして独立するまで

　40歳の頃、私は二人の子供を抱えて離婚に直面していました。子供のうち一人には重度の知的障害がありました。結婚から10年間ずっと専業主婦で、特別なスキルもなく、どうやって子供を育てていけばいいか、頭を悩ませました。なんとか派遣社員として社会復帰したものの、将来へのお金の不安は消えず、「そもそも私、お金のこと何も知らない！」と愕然として、離婚準備の一環として取得したのがFP資格でした。

　その後、家庭裁判所での離婚調停を行っていた頃、そのときの気持ちやFPとしてのお金の知識を、当時流行っていたアメブロに載せていました。すると、たくさんの反響があり、共感の声や「私の場合はどうしたらいいの？」という相談が寄せられるようになったのです。「みな悩みは同じなんだ」と気づいた私は、離婚が成立したのを機に、45歳でFPとして独立したのでした。

　はじめは離婚に悩む女性やひとり親家庭の相談に乗りたいと活動していましたが、すぐに、私と同じ障害児ママたちから相談が寄せられるようになりました。そこで、行政の障害者施策推進委員を務めたり、障害者の就労施設で3年間支援員として働いたりすることで、「障害とお金」に関する勉強と経験を重ねました。

## ✅ さらに、社労士資格取得のきっかけ

　その頃、忘れられない相談がありました。お兄さんから、実家に引きこもる30代の弟についての相談でした。

　その弟は、高校から不登校になり、専門学校も中退し、実家の農業を手伝って暮らしていたそうです。高校時代に発達障害の診断を受けたものの、父親が頑なにそれを認めず、特に福祉サービスも受けられていませんでした。唯一の理解者だった母親ががんで急逝し、父と弟の二人暮らしになり関係がより悪化したことで、

心配した兄から「弟は『働きながら一人暮らしがしたい』と言っているが、今まで一度も働いたことのないのに、そんなことができるのでしょうか？」というご相談でした。

　私は「障害年金を受給しながら、働いて自活している人はいますよ」とアドバイスし、そこから、病院を探して受診してもらうとともに、知り合いの社労士に頼んで障害年金を申請しました。1年近くの時間がかかりましたが、無事に障害基礎年金2級と認定され、月7万円程度を受け取ることができるようになったのです。それまでは「年金を受けられるなんてそんなうまい話があるわけない、サギだ」と反対していた父も、やっと一人立ちを認め、「お前の好きなようにやってみろ」と送り出してくれました。その後、弟は障害者就労施設で仕事を始め、その収入と障害年金を合わせて、無事にグループホームでの自立が実現したのです。

　「障害年金には人の人生を変える力がある」ということをこの相談で目の当たりにした私は、「自分も障害年金専門の社労士になりたい！」と思い立ち、社労士資格への挑戦を始めました。受験1年目こそ1点足らずで不合格となりましたが、2年目に合格でき、事務指定講習を経て、2021年9月に開業しました。

### ✅ 社労士×FPの強み

　開業後から現在まで、障害年金の申請のご紹介に恵まれ、社労士として順調な日々を送れていると感じています。年金の知識だけでなく、障害のある方の暮らしや働き方、家計の内容がわかるということで、その両方をワンストップで相談できる事務所というところが重宝されています。

　また、全国の特別支援学校や親の会、障害者施設などで、「障害のある方のマネープラン」「障害年金セミナー」「親なきあとのために、親が元気な間にできること」といった講師の仕事を行っており、それがよい広報活動となって、紹介が寄せられていると

感じています。セミナーでは、私がなぜ社労士資格やFP資格を取るに至ったか、離婚のことや障害のある子供のことも含めて、ざっくばらんに話すようにしています。共感の声や「面白かった」「印象に残った」という反響・ご感想が寄せられることが少なくありません。

最近では、障害年金の請求を行った方の親御さんから「私たちの老後資金の相談に乗ってほしい」「私たちの財産をどう相続するのがよいでしょうか」といったご相談が増えています。今後はそういった声への支援体制も整えていきたいと考えています。

## ✅ さいごに

社労士という資格者は複数いる中で、どうやって自分が選ばれるのか、どうほかと自分を差別化するのか、いかにお客様に提供する価値を増やすのか、といった視点において、「資格のかけ合わせ」は有力な手段の一つと感じています。

とはいえ、具体的にどの資格と社労士資格をかけ合わせるのかは、人それぞれ異なることでしょう。「儲かりそうな資格、使えそうな資格」より「自分が情熱をもって勉強したいと思える資格」を選ぶのがよいのでは、というのが私の実感です。

また、たとえ熱い思いがあったとしても、思っているだけでは伝わりません。なぜその資格を持ち、その仕事をしているのか、どんな方のお役に立てるのかを、折に触れて発信することが大切です。立派な内容でなくても、カッコいい文章でなくてもかまいません。最初は反応がなくてイヤになるかもしれませんが（笑）、届いている方は確実にいるものです。

ぜひ、あなたらしい「資格のかけ合わせ」と、あなたらしい発信で、あなたを必要とするお客様に、有益な情報を届けていただきたいと思います。

## 久保田　あきみ（くぼた　あきみ）

社労士FP事務所 チャレンジド・ガーディアン代表

大阪府吹田市で2021年開業。

知的障害をもつ娘の母であり、障害者施設での勤務経験から、障害年金の大切さを痛感して、社労士資格を取得。「障害年金専門の社労士」として日々奮闘中。

同時に、金融商品を売らない「独立系ファイナンシャルプランナー」として、障害のある方とその家族の家計相談に従事しており、お金の知識に加えて、障害のある方の生活や気持ちに寄り添ったアドバイスを得意としている。全国の特別支援学校、親の会、社会福祉協議会、福祉施設等で講演多数。

**資格かけ合わせ型** 社労士×中小企業診断士

# 二つの資格を活かした活動と今後の展望。

## CASE 22　小野　拓真

### ✅ 現在の活動

　私は、社労士と中小企業診断士（以下「診断士」）の二つの資格を持つ専門家として、主に中小企業向けの支援を行っています。具体的には、埼玉県よろず支援拠点のコーディネーターとして経営の悩み全般についての相談対応、人事労務管理・事業計画作成に関するセミナーや研修、顧問先への施策提案などです。

　社労士としては、企業の人事・労務管理や労働法に関する相談、就業規則の作成・改訂、社会保険手続きのサポートを中心に、法的に適正な企業運営の支援をしています。特に、労務トラブルの防止や解決策の提案に力を入れており、各種助成金の申請サポートも行っています。

　一方、診断士としては、経営戦略の策定や事業計画の作成、マーケティング戦略の立案や、財務分析を通じて企業の経営状況を把握し、経営改善に向けた具体的な施策の提案をしています。

　中小企業は特にリソースが限られていることが多いことから、限られたリソースを最大限に活かし、持続可能な成長を目指すための支援を心がけています。

### ✅ 社労士と診断士を取得した理由

　社労士と診断士の資格を取得する以前は、障害者福祉施設の職

員として障害者の就労支援に携わっていました。非常にやりがいのある素晴らしい職業でしたが、収入は最低賃金ギリギリで、生活することすら難しかったです。これほど社会に必要な仕事をしているのに、なぜ生活がままならないほどの給料なのかという悔しさを感じていました。

　福祉を続けながらも満足のいく収入を得るため、福祉施設の設立を目指し、その会社を辞めました。しかし、経営に関しては何も知らなかったため、福祉施設の設立はおろか、収益を上げるために何をすべきかさえわかりませんでした。このままではまずいと危機感を覚え、経営の勉強を始めました。

　ビジネスの基本を学ぶ過程で、従業員が幸せになるような給料を支払うにはしっかりとした利益を生み出す必要があることを理解しました。また、がんばっているのに満足な給料を出せず苦しんでいる経営者が多いことにも気づきました。こうした経営者や従業員が報われるよう支援したい、私自身が経験した苦しみをほかの人にも味わってほしくないと強く感じたことから、診断士として活動することを決意し、資格を取得しました。

　さらに、診断士として活動していく中で、苦しんでいる経営者だけでなく、その従業員にも寄り添いたいという思いが強まりました。そこで、労務の専門家として、従業員の努力が報われるよう支援できる社労士を目指すことを決意し、2023年8月に独立社労士として登録するに至りました。

### ✅ 資格を取得してよかったこと

　診断士と社労士の両方を取得したことで、対応できる範囲がぐっと広がり、経営者からのさまざまなニーズに応えられるようになったのが大きなメリットです。診断士はジェネラリストとして幅広い問題に対応でき、社労士は人事に特化したスペシャリストです。経営者は、幅広く相談に乗ってほしいこともあれば、特

定の課題に対してピンポイントで対応してほしいこともあるものです。診断士としては経営課題の全体像を把握し、必要に応じて専門家に繋げたり、社労士としては人事に関する具体的な解決策を提供したり、労務や人事施策の提案まで一貫して対応できます。これによって、経営者のニーズに幅広く対応できるようになり、より強力な支援が可能になりました。

　また、診断士と社労士のネットワークが広がり、たくさんの知見を共有できるようになったのも大きな利点です。診断士の仲間からは経営の視点でアドバイスを受け、社労士の仲間からは労務の視点で意見を交換しながら、相互に補い合い成長できています。

### ✓ 社労士と診断士を取得して大変なこと

　大変なのが、社労士と診断士の両方で常に知識のアップデートを行わなければならないことです。社労士としては労務や社会保険の法改正、診断士としては中小企業の動向や補助金制度に対応する必要があります。これらを同時に追いかけるのは非常に大変で、今でも勉強不足だと感じることが多々あります。

　対策として、やるべきこととやらないことを明確に区別しています。診断士としてはウェブマーケティングは行わないと決め、社労士の分野では年金業務を扱わないことにしました。これによって、自分としては活動がより効率的になりました。

　また、資格維持の費用がかなりの負担です。診断士は一つの協会に登録するのに年間約5万円、社労士は東京都社労士会では年間約10万円かかります。両方の分費用がかさみますが、それを回収するためにも努力し続けなければなりません。

### ✓ 今後の展開

　当面の展望として、まずは社労士と診断士、それぞれの特徴を活かして、経営者のさまざまな悩みに対応できるように、自己研

鑽を続けていきます。どちらも非常に奥が深く、まだまだ学ぶことが多く、一生勉強し続ける必要があると感じています。

　もう一つの目標は、以前からの夢であった福祉施設の設立です。診断士としての経営知識や社労士としての福祉制度の知識を学んできたので、それを活かして自分の事業を立ち上げたいと考えています。これらの知識は、ビジネスを始めるうえでの大きな武器になると思います。

　最終的には資格に依存せず、"小野拓真"としての仕事ができるようになることを目指しています。

### 小野　拓真（おの　たくま）

中小企業診断士・社会保険労務士
ひらくコンサルティング・ひらく社会保険労務士事務所代表
1987年10月2日生まれ、熊本県出身。
埼玉県よろず支援拠点のコーディネーターを務め、年間500件以上の経営相談を通じて中小企業の課題解決を支援している。
経営計画策定、資金繰り、人事労務のコンサルティングを中心に、多岐にわたるサポートを提供。
特に福祉分野を専門としており、障害者就労移行支援事業所の就労支援員や介護施設での勤務経験を活かし、現場の声と制度面の双方を考慮した助言にて的確な課題解決を実現している。
福祉経験で培った傾聴力を基盤に、事業所の想いを尊重した対応を徹底。
「頑張る人が稼げる社会を切り拓く」というポリシーを中心に据え、わかりやすさと実態への適合を両立したサポートを行っている。

**資格かけ合わせ型** 　社労士×社会福祉士×受験指導

# 「会社経営＋社労士＋独立型社会福祉士」という働き方。

## CASE 23　海老澤　浩史

　資格の組み合わせを活かしてキャリアを築くのは、現代の多様な働き方の中で非常に有効な手段です。ここでは、社労士資格と「社会福祉士」という資格をかけ合わせて実現した私のキャリア経験について紹介します。

　福祉業界での豊富な経験を背景として、現在はeラーニング教材の販売を中心とした福祉系国家試験対策講座を運営する会社の経営と、社労士、独立型社会福祉士として個人事務所を運営しています。

### ✓ 社労士を取ろうと思ったきっかけ

　大学を卒業して福祉業界に足を踏み入れた私は、障害者施設で生活支援員として勤務し、社会福祉士の資格を活かしながら日々の業務に励んでいました。その施設の顧問として関わっていた社労士の先生から資格の話を聞いたことで、独立もできる社労士の資格に魅力を感じるようになっていきました。

　同時に、その頃に結婚して家庭をもち、自分自身の生活環境も変わったことで、「会社員として働く以外の方法を身につけたい」という思いが日々募っていきました。将来の生活や働き方の選択肢を増やすため、個人事業主としても活動できるスキルが必要だと感じるようになり、社労士資格に挑戦することを決意しました。

## ✅ 今に至るまでの歩み

　社労士の勉強を始めた私は、まず残業が少ない職場への異動を決意しました。加えて、福祉業界の異なる分野も経験しようと考え、高齢者施設で生活相談員という職に就きました。勉強と仕事、そして子育てを両立させる厳しい日々でしたが、2回目の受験で合格することができました。

　合格してからは、社労士としてのスキルを高めたいと感じ、ある資格学校で試験対策講師をする機会を得ました。当初は社労士として講師業に携わる予定でしたが、資格学校からは福祉分野の講師をしてほしいと依頼され、社会福祉士の講師を務めることになりました。社会福祉士の資格試験対策の講師を始めると、再度福祉に関する興味がとても湧くようになり、社労士として開業しつつ、自治体でホームレスの相談支援や生活困窮者の就労支援の仕事にも就くようになりました。

　社労士、社会福祉士、講師という3つの活動を継続する中で、社会福祉士や精神保健福祉士の試験対策講師として大学で登壇することが年々増加し、個人で依頼を受けることも増えていきました。思った以上に試験対策講師のニーズが高かったため、自分自身でもコンテンツにして販売していきたいという思いが強まりました。社労士や社会福祉士の活動のかたわら、少しずつ教材の制作をし、2019年度に「ふくし合格ネット」というものを立ち上げ、福祉系国家資格の試験対策を主軸とするeラーニング教材の提供を開始しました。インターネットからの一般販売だけでなく、徐々に全国の大学や専門学校での講師活動も広がり、次第にこの事業が私のメインの仕事となっていきました。

## ✅ 現在の状況

　2022年には「ふくし合格ネット」を法人化し、福祉系国家資

格の取得を目指す受講生に対して、独自の教材で受験指導を行っています。現在は私の仕事の中心として、人も雇いながら本格的に運営するようになっています。

また、「福祉に強い社労士」として、労務管理やセミナー講師としても活動しています。社労士業務が本業ではなくなったものの、この資格を取ろうとしたことがきっかけとなって、今の活動が実現していることは間違いありません。

加えて、独立型社会福祉士として成年後見人としての活動も行い、福祉の専門性を活かした支援も続けています。

このように複数の資格とそれに基づく経験をかけ合わせることで、仕事の枠にとらわれず自分らしく活動できていることに大きな喜びを感じています。

### ✓ 資格のかけ合わせによる働き方のメリット

資格をかけ合わせることで、自分の強みや興味に応じた柔軟な働き方が可能になります。福祉系の資格だけでなく、社労士の資格が加わったことで、労務や人事といった視点から福祉現場にも関わることができるようになり、幅広いニーズに対応することが可能になりました。

さらに、資格の多様性は、一つの業務に依存しない収入源を確保するうえでも有利に働いています。社労士の資格があることで、労務管理としての仕事も選択肢に入り、独立型社会福祉士としての活動も継続することで、複数の収入源を持つことが可能となりました。特に「ふくし合格ネット」のeラーニング事業を開始できたことは、私にとって大きな部分です。

こうした多方面での活動によって、自身のキャリアの幅が広がったと感じます。

## ✅ これからの展望と心構え

　これまでの経験を振り返ると、「この資格を取ったからこの仕事しかできない」と思い込まず、資格の枠にとらわれ過ぎないで興味の赴くままに新しい挑戦を続けてきたことが大きな原動力になっていたと感じます。ときには複数の業務や資格を持つことによる負担や混乱を感じることもありましたが、次第にそれらが相互に補完し合い、さまざまな場面で役立つ知識となっていきました。

　今後は、社会福祉士や社労士の資格を持つことで得た知識や経験をさらに活かし、福祉系資格の試験対策だけでなく、資格取得後のキャリア支援や現場で役立つスキルの提供にも注力したいと考えています。また、資格取得に挑戦する人々が、「資格の枠」にとらわれることなく、柔軟に自分のキャリアをデザインできるよう、サポートしていきたいと思っています。

　資格のかけ合わせによって生まれる多様な働き方は、現代社会において必要とされていると感じています。多様な資格と経験を活かして、「福祉に強い社労士」として、また社会福祉士としての活動も続け、今後も自分らしい働き方を追求し続けていきます。

海老澤　浩史（えびさわ　ひろし）

株式会社ふくし合格ネット 代表取締役
海老澤社労士・社会福祉士事務所 代表
障害者支援、高齢者支援、ホームレス支援、生活困窮者の就労支援、成年後見人等、さまざまな現場経験を積みながら資格予備校、大学等で社会福祉士・精神保健福祉士の試験対策講座に長年携わる。

毎年全国各地の大学や専門学校等で試験対策講座を実施しており、豊富な経験に基づくわかりやすい講義、出題予想は、受講生から好評を得ている。2013年「海老澤社労士・社会福祉士事務所」開業。現在も労務管理と成年後見の実務に携わっている。

2019年より「ふくし合格ネット」を開始。「ふくし合格ネット」教材の作成、講義を行っている。「ふくし合格ネット」の教材は、多数の大学でも採用され、eラーニングシステムの評価も高い。

> 資格かけ合わせ型　社労士×IT×大量資格保有

# 幅広く「資格」を仕事に。

## CASE 24　林　雄次

### ✅ 資格が幅広く仕事になっている現在

　私は社労士としての活動を中核としつつも、それ以外にも幅広く「資格」を軸にして仕事をしています。

　まず社労士としては、ITエンジニアとして17年勤務したキャリアを活かし、「ITにも詳しい社労士」として活動しています。事務所運営は完全テレワークですが、年間数万件の手続きに対応しています。顧客とのやりとりも、ご希望のチャットツールやクラウドシステム利用に対応しており、システムの導入支援も行っています。

　また、社労士をはじめとした士業の効率化や、ブランディングに関しての発信も、自分のミッションと考えて対応しています。「デジタル士業®」という商標を登録しており、この肩書きで他事務所の業務効率化の支援もしています（拙著『社労士事務所のDXマニュアル』（中央経済社、2022）をご参照ください）。

　これらのかたわら、コツコツ取り続けている550以上の資格を保有する「資格ソムリエ®」として、資格・検定についてテレビ・ラジオ・雑誌・新聞など幅広いメディアで情報発信も行っています。資格について執筆した拙著（『資格が教えてくれたこと』（日本法令、2023））が出版されてからは、本の一部をテーマにして各所で講演をするようになりました。

書籍の執筆は、自分の知見を社会に還元する活動として重視しており、毎年の刊行を続けています。近著では、さまざまな資格の組み合わせを提案する本を刊行しました（『資格のかけ算大全』（実務教育出版、2024））。また、資格試験対策本にも挑戦しています（『ITストラテジスト 究極の合格ルール』（オーム社、2024））。

ほかにも、LEC東京リーガルマインドの専任講師として、資格学校で講義を行っています。宅建、ITストラテジスト、基本情報技術者、情報セキュリティマネジメント、ITパスポートなど、講座の数もどんどん多くなっており、年間を通じて収録や資料作成を行っています。

個別の企業での研修講師や講演など、ご相談いただいた仕事の依頼にはできる限り対応するのが基本方針です。自分のやりたいことをイメージしつつ、ニーズに対応しながら今後も仕事をしていこうと考えています。

### ✅ パッとしない開業当初、スキルの組み合わせで状況打破

今でこそあちこちでお話しするなど、目立つ活動が増えましたが、2018年の開業時は全く異なる状況でした。ITエンジニアとしてフルタイム勤務しながら兼業で社労士を始めた当初、特に強みもないと思っていた私は、単に「社労士の林です」と自己紹介をしていました。いきなり顧客を多く抱えているわけもありませんので、時間にも多少余裕がありました。そこで、人脈を作ろうと交流会に参加してみても、社労士というだけではあまり注目してもらえず。それもそのはず、社労士は4万人以上もいます。その中で特徴のない新人が、見向きしてもらえるわけもなかったのです。

あるとき、「ITにも詳しい社労士というのが、林さんの強みなのでは？」と言われたことがありました。いわゆるサクセスス

トーリーなら、ここでビビッと来たりするのでしょうが、私の場合は全くピンときませんでした。今でも本当にそうなのかなと懐疑的なくらいですが、それくらい自分のことには気が付きにくいものなのだと思います。当時の私は、使えるアピール材料もとりたててない状態でしたので、とりあえず「ITにも詳しい社労士」と言ってみることにしました。

　すると、不思議なことが起きました。「クラウドの給与システムにも対応できる？」「社内の業務効率化の相談もしたい」などと、ご相談を受けるようになったのです。「ITにも詳しい」とアピールを繰り返すうち、徐々に顧客が増えていきました。

　私の場合は「IT」でしたが、ほかのことでもよかったのかもしれません。とにかく、なにかしらの自分の特徴を伝えないと、相手には何ができるのかわからないものです。自分は何が得意なのか、しっかりと把握するとともに、定期的に考え直す機会を持つことも重要だと思います。

### ✅ 仕事が増えても、順風満帆ではない

　開業から1年ほど経過したころ、ITに詳しいとアピールし続けたことで、1冊めの書籍の執筆依頼を受けました（余談ですが、まさか私に商業出版の話などくるわけもないと思っていましたので、最初はよくある自費出版の営業だろうと訝しんだのですが、よく調べたところきちんとしたご依頼でしたので、慌てて折り返し連絡したのを覚えています）。

　書籍執筆も行うこととなり、2019年には本格的に時間が足りなくなってきました。そもそも、まだ兼業の状態ですので、平日日中は基本的に会社員としての仕事があります。各地で支援を行ったり、外部の方とお会いしたりと外出が多く、移動中に自分の仕事を多少進められたのは幸いでした。

　それでも徐々に、ひとりの限界が見えてきました。そこで、在

職中にパートの従業員を雇用するに至ります。私自身は会社へ行っているので、事務所を借りても特に意味がありません。また、離れた環境でも従業員とコミュニケーションを取り業務を進める必要がありましたので、完全テレワーク体制となりました。意図があってのことではなく、必要に迫られて完全テレワーク体制へと至ったわけです。

会社員としての仕事と、社労士等の仕事、さらには執筆。どうにかやりくりをしていましたが、毎日休みなく稼働しても仕事が一向に終わらなくなっていきました。

やむをえず、出社の日数を減らすことになります。当初は有給休暇を使い、週1日程度は会社を休んで社労士等の仕事を行いました。ただ、それでも仕事は片付かず、会社の休みは週2日、3日と増えていきました。途中で有給休暇も使い果たし、欠勤控除されながら、何とか会社員を維持しつつ働いていました。

もちろん、これは会社と相談したうえでの働き方です。私だけが対応者となっているような仕事があり、辞めるのではなく、勤務日数を減らしてでも出社してほしいと、会社から頼まれていたからです。できる限り会社へ行くようにしながら、社労士等の仕事も進めていくという、かなりの無理をしていました。とはいえ、独立するにはある程度の仕事量が必要ですし、独立せず出戻る場合には会社員のポジションも必要ですので、いまは我慢の時期と思い、乗り切りました。

### ✓ 独立し、現在のスタイルに

最終的には、会社に週1〜2日行くのが精一杯となり、いよいよ退職を考えたのが2020年のことです。できるものなら会社員も続けていたかったのですが、どうしても書籍執筆が一向に進まず、このチャンスを潰してはいけないと思い、退職＆独立を決意しました。

退職後は時間を自分の裁量で完全に使えるようになったとはいえ、それでもそれほどの余裕はなかったものの、執筆を終え、無事刊行に至りました。初の単著『社労士事務所の DX カタログ』です。

　出版業界では「1 冊めが失敗しなければ、2 冊め以降も決まっていく」などと言われることもあるようですが、幸いなことに初の単著は一定の実績となり、以降も途切れずに執筆依頼が続いていることは、前述の通りです。

　自分の本が出版されたことで、自然とある程度の宣伝ができるようになりました。本をきっかけに、各地の社労士会からの講演依頼や、社労士会での委員の打診など、社労士として経験の浅い私にとって願ってもないチャンスをいただくこととなり、ありがたい限りです。

　もちろん、自分の事務所では、各種手続きをはじめとした一般的な社労士業務も日々行っています。ただし、具体的な発信は顧客の目に触れるおそれもあることから、表立って触れないようにしています。目立つ活動が増えてはいますが、コツコツと行っている仕事もあるのです。

　自分がやってきたこと、持っている知見は多くの方に役立ててほしいと思っています。そこで、書籍としてまとめる以外にも SNS で日々さまざまな情報発信を行っています。何かヒントになることもあるかもしれません。メインで発信している X（旧 Twitter）などもご覧いただけますと幸いです（* 1）。

### ✅ 挑戦に失敗はつきもの

　自分に何が向いているのかを、自分だけで見つけることは難しいものです。だからこそ、やれることは何でもやってみるのが大切だと思っています。私は、そのような考えのもとで、実際に多くのことをやってきました。もちろん、全てがうまくいくわけで

はなく、失敗もたくさんしてきました。

　例えば、開業当初に作成したチラシです。ほとんどでき上がっている既成の行政書士向けチラシのフォームに、事務所名を入れて印刷してくれるというサービスで、数百枚を作成しました（※私は行政書士資格者でもあります）。事務所前に看板を設置するとともに、このチラシも設置していましたが、驚くほどの反響はありませんでした。振り返ると、IT活用＆フルリモートという事務所の体制と、チラシ配布という地元密着の方向性とが、そもそも合っていません。さらに、肝心のチラシの中身も、一般的な行政書士の業務について書いてあるだけで、自分自身をきちんとアピールできていないものでした。

　とはいえ、今はこうして振り返ることもでき、読者の方に失敗事例を共有できるという意味では、一定の収穫に繋がっているのではと思います。

　失敗を含めて続けることにより一定の成果が生まれる、まさに「下手な鉄砲も数打ちゃ当たる」です。今後も挑戦をしていくつもりですし、繰り返しますが、挑戦に失敗はつきものなのです。

## ✓ 学び続けていく

　資格を通じてさまざまな学びを得るなかで、「学びの根幹とは何か」と考えるようになりました。現時点で私なりにたどり着いた結論は、伝統宗教がその一つの要素であるということです。そこで、日本の文化に影響を与えてきた仏教を学び、得度して正式な僧侶にもなりました（法名：釋覚諭）。

　さすがに僧侶は特殊な例だと思われますが、このように新たな世界に踏み出すことで、それまで全く気づいていなかったことがわかることも少なくありません。さらに、得た知識をかけ合わせていくことで、全く新しい価値を生み出すこともできます。今後はこうした学びの魅力やその効果についてもお伝えしていきたい

と考えています。

### ✓ まとめ

　現在、検討しているのは、自分の知見や考え方を継続的に発信＆蓄積していけるコミュニティづくりです。各種SNSにより発信をしていますが、それらのコンテンツを一か所で振り返れる場所を作りたいと考えています。その内容について気軽に質問したり、相互にやりとりしたり、コミュニケーションが取れる場所です。

　さらに、ひとりでできることには限界がありますので、ほかの方とのコラボによる書籍執筆や仕事の企画をしたいと思っています。ご興味がありましたら、お気軽にお問合せください。

　本書の多くの事例をもとに、みなさんが自分なりの強みを見つけることができますと、大変嬉しいです。

## 林　雄次 (はやし　ゆうじ)

はやし総合支援事務所 代表
1980年生まれ、東京都足立区出身。
筑波大学附属高校卒業後、社会福祉を志し、淑徳大学にて社会福祉を学び社会福祉士の資格を取得。
卒業後はITを通じて多くの方に役立つべくIT関連企業で1,000社以上の中小企業の業務改善に従事。
エンジニア教育の講師として多くの資格取得を経て、社労士・行政書士として「はやし総合支援事務所」開業。
本業では、中小企業診断士、社労士、行政書士、情報処理安全確保支援士等として企業向け支援を行いつつ、保有資格・検定は550を超え、「資格ソムリエ®」「デジタル士業®」としてさまざまなメディアで活躍中。
東京都社会保険労務士会 デジタル・IT化推進特別委員 広報委員
全国社会保険労務士会連合会 情報セキュリティ部会委員
独立行政法人 情報処理推進機構（IPA）セキュリティプレゼンター
日本パラリンピック委員会 情報・科学スタッフ
経産省：認定情報処理推進機関、中小企業庁：認定経営革新等支援機関、デジタル庁：デジタル推進委員

*1　@yujihys

# CHAPTER 5
## 自己プロデュース型社労士

> 異色の「○○○社労士」！

CASE 25 〜 CASE 30

**自己プロデュース型** 　**社労士×コンビニ業界**

## 自分の「強み」を関わる人の「想い」に変える。

**CASE 25**　　安　紗弥香

### ✓ コンビニ社労士って何？

「コンビニ社労士って、便利な社労士という意味ですか？」

相手の方に名刺を渡したときや、名簿などに「コンビニ社労士」と書かれているとき、相手の方からよくこのように質問されます。この言葉を聞くたびに、私の中には2つの感情が芽生えます。

「ああ、コンビニと聞けば、みんなコンビニエンスストアを思い浮かべるのに、『社労士』がつくとコンビニエンスストアが結びつかないんだな……」

というちょっと寂しい気持ちと、

「おお、まだまだ知ってもらえるチャンスがありそうだな」

というワクワクする気持ちです。

こんにちは。コンビニエンスストア（以下「コンビニ」といいます）業界特化の社労士、通称「コンビニ社労士®」の安紗弥香と申します。東京都千代田区で社労士法人を経営しています。

コンビニ業界特化を謳って独立したのが、2013年のことです。最初は会社員時代のオーナー人脈も使えず、それこそゼロからのスタートでしたから、コンビニ業界特化といいながら、コンビニの関与先はほぼゼロでした（笑）。それでもめげずに、SNSや雑誌の連載、メディアなどで発信を続けました。気がつけば中堅社

労士の仲間入りをした今では、多くのコンビニオーナーさんの支援を行うようになりました。

「コンビニ社労士」は2012年から名乗り始め、2018年に商標登録しました。当時はこのように名乗っている人などいませんでしたが、私の商標登録をきっかけに、多くの方が「○○社労士」というネーミングや、資格と強みのかけ合わせ、商標登録にチャレンジしていると聞きます。私としてもとても嬉しく、また面白い時代になったなあと感じています。

私の仕事のスタイルは、オーナーさんの思いを聞き、どうやったらそれが実現できるかを一緒に考える、経営パートナーというスタイルです。その中の一つに社労士という仕事がある、というイメージをしています。目指すは「ハブ」としての存在です。オーナーさんに何か課題や悩みが生じたとき、誰よりも先に私や私の事務所を思い出してもらえる、そんな立ち位置でありたいと思って動いています。実際に、労務管理支援にとどまらず、店長会議のコーディネートやそこでのテーマ設定支援、勉強会開催、人脈の紹介、関与先主催のレクリエーションへの参加なども、積極的に対応しています。

それ以外にも、コンビニエンスストアチェーン本部との仕事、ほかの小売企業の顧問、商工団体や企業でのセミナー・研修を企画・登壇したり、最近ではオンラインコミュニティMANA-formation®（マナフォメーション。通称「マナフォメ」）というものを立ち上げて、専門家の情報を気軽に活用できる環境を運営し、国や地域、業界業種を越えた交流の場を提供したりしています。

### ✔ なぜコンビニ社労士になりたいと思ったのか

よく寄せられるのが、「なぜコンビニ業界特化に？」という素朴な質問です。これについては、私自身がまさにコンビニ業界に

身を置いていた時期があり、そこで出会った本部社員・加盟店オーナー・店長のみなさんが一所懸命に業界の課題や店舗運営と向き合っている姿を目の当たりにし、「応援したい！」と思ったことがきっかけでした。一所懸命仕事やお客さまに向き合う彼らの姿は本当に尊く、私も同じ業界の一人としてとても誇らしく思えたものです。

　ただ、本部社員だった当時の自分にはできることが限られていたことや、オーナーさんたちの高い志が世間に伝わる機会の少ないことに心苦しさを感じていたことから、私は「もっといろいろな角度からオーナーさんたちの応援ができる自分でありたい！」という思いを募らせました。インターネットで検索を続けた末、中小企業診断士と社労士という資格にたどりつきます。多角的な支援を行いたいと考える自身のスタイルであれば、中小企業診断士としての活動が合っていると思いつつも、当時はオーナーや店長の研修を担当しており、その中で労働基準法や労働者災害補償保険法などの座学講義を行う機会もあったため、身近に感じられる社労士を選ぶことにしました。

　あくまで自分の仕事の範囲内で活用するための資格勉強でしたが、2010年に社労士試験に合格すると、合格祝賀会で出会った方やブログ・SNSで繋がった人たちから、「いつ独立するの？」「独立するんだよね？」と口々に言われるようになり、その言葉を聞いているうちに、だんだん自分も独立する気になっていき……（笑）。ついには、本部社員という立場におさまらず、もっと幅広く応援できたらと覚悟を決め、2013年5月に会社を辞め、コンビニ社労士として独立するに至ったのでした。

### ✓ 独立後の苦難とワクワク

　いざ独立となると、やることがたくさんあるものです。社労士登録種別を開業に切り替え、事務所を借り、備品を揃えます。

ホームページや、名刺などの販促ツールを用意します。社労士として電子申請ができるようにする手続きも必要ですし、仕事を受注したときに対応できるよう、日々の勉強も欠かせません。営業先の開拓も当然、すべてイチからです。

　私の場合、当初は申請手続きや給与計算を行うつもりはほぼなかったので、ご縁をいただいた先輩事務所での多少の手続き経験と、それまでキャリアを積んできた研修・セミナーという方向にほぼ全振りしていました。

　独立して気づいたのが、オーナーさんたちはそもそも社労士がどういう存在なのか、わかっていないことです。独立前後の頃は、社会保険労務士と聞いて「保険屋さんですか？　いらないです」とさまざまな人から言われたりしました。「そうではなくて、社外人事部のような存在で……」と説明してはいましたが、いかにも草の根的で、広く認知されるにはなかなかしんどいなぁと思ったものです。

　成果に繋がるまで時間はかかりましたが、周りの方に恵まれて、開業直後から異業種コミュニティのメンバーとして誘ってもらえたり、雑誌や本の執筆に関わることができたり、業界特化セミナーのお話をいただいたりと、コンビニ業界のことや労務管理の大切さを知ってもらう機会はたびたびありました。

　2014年には、ビジネスパートナーと社労士法人を立ち上げ、「ザ・社労士」的な業務に加え、組織化にもチャレンジしてきました。もともとあまり得意ではなかった手続きや給与計算などの業務も、最初は全て自分で行っていましたが、時間をかけて少しずつ、職員にお願いできる環境を整えました。それによって生じた空き時間で、オーナーさんの店舗に赴き、「最近どうですか？」と業界ネタや事業構想などを聞いたりしました。

　返ってくる言葉はさまざまです。「やっぱり人不足がね〜」「うちのスタッフの〇〇が言うこと聞かなくて……」といった愚痴の

ような世間話や、「もっとうちの社員たちの給与を増やしたいんですよね」「でも、ロイヤリティが高くて……」と自店で解決できそうな課題、あるいは業界全体の課題に繋がるスケールの大きい話、などなど。

　すぐに解決できるわけではないものの、そういう問題について外部の人間と話し合えることが嬉しいと言ってくださる方、慎重に言葉を選びながら、誰も傷つかないように配慮する方、反対に「訴えようと思います」などとハッキリものを言う好戦的な方など、みなさん伝え方は違いますが、根底には「もっとコンビニ業界をよくしていきたい」「自分の事業をもっと誇れるものにしたい」という共通の気持ちがあるものです。それに気づいたとき、「私が進もうと決めた道は間違っていなかった」と強く実感できました。2022年にビジネスパートナーとお別れし、新しく社労士法人を設立した今もなお、オーナーさんたちの「もっとよくしたい！」という気持ちが私自身の原動力になっています。

### ✅ 経営パートナーでありたい

　私はコンビニ店舗の労務支援がしたいわけではなく、あくまで、オーナーさんやそこで働くスタッフさんたちにとっての応援者、経営パートナーでありたいのです。誤解を恐れず言えば、社労士業務にこだわる必要もありません。

　とはいえ、オーナーさんたちは日々の業務やお金のやりくりに多くの時間を費やすことも多く、後手に回りやすい「人」の部分の支援をお願いされることが多いため、今はこれが最適解なんだと思っています。コンビニ業界を取り巻く環境は厳しいですが、だからこそオーナーさんや外部支援専門家、ときには本部の経営指導員の方々と一緒に、自分なりにできることから取り組み続けています。

　また、私だけでなく、実務部分を支えてくれている職員と同じ

志を共有して、メンバーそれぞれの個性を活かした支援が組織としてできれば……と考えています。最近は職員経由の繋がりで関与先になってくださるところも増えてきました。このように、私ではなく職員が全面的な窓口になり、職員主体で業務が動くようになれば、私は事務所経営や、さらなる支援体制の構築により時間を使えるようになります。

ときには「私は○○さん（職員）のファンなんですよ」と公言するオーナーさんも増えていて、事務所経営の身としてはとても嬉しい限りです。

## ✅ まとめ

私が目指しているのは、コンビニ業界の活性化です。多くの人にとって、コンビニが笑顔あふれる楽しい場所になるよう、オーナーさんたちが「この仕事を選んでよかった」と思えるよう、その環境設計のお手伝いをしていくつもりです。

時代の流れとともにアウトプットの形は変わり続けますが、私の軸は独立当初から変わりません。独立前までの経験をフルに活かし、そこからさらに発展させていく方法を私は取りました。

ブランドを構築していくにあたり、資格と強みをかけ合わせるということがよくいわれますが、それは決して単なるかけ合わせの話ではなく、いかにその「強み」の部分に自分や関わる人たちの「想い」を載せられるかだと、私は思います。

真に大切なのは、社労士としてのネーミングや商標登録といった表面的なものではなく、それらによって社労士資格をどう活かし、周囲にどう関わっていくかをよく考え、ときには言語化しながら、行動していくことです。そうすれば、応援してくれる人も増えていくものですし、理想が実現に近づきます。

ここまでの内容に何か心の琴線に触れるものがあって、かつ、私があなたのよき応援者になれそうでしたら、ぜひいつでもお声

掛けください！

## 安　紗弥香（やす　さやか）

リテールクリエイト社会保険労務士法人 代表社員
こんくり株式会社 代表取締役
1979年、愛媛県松山市生まれ。上智大学 文学部教育学科卒業。
ディズニーで5年間、最高の接客と50名の人材育成を経験した後、コンビニエンスストアチェーン本部へ転職。以後、通算7年間、4,000名を超える新入社員や既存社員、加盟店を対象に人材育成の研修トレーナーとして活躍。そのなかでコンビニの労働環境の実態を知り、より良い労働環境作りのサポートを行うために、社会保険労務士資格を取得し、2013年に独立。2015年に特定付記。
現在はコンビニエンスストア加盟者、小売業を対象にした人事・労務支援と並行し、接客・マナー、コミュニケーションなど業種、人数に合わせた各種のオーダー研修に対応。特に受講者と講師、双方向のやりとりを重視する研修に定評がある。
一般社団法人 日本フランチャイズチェーン協会　研究会員。
リテールクリエイト社会保険労務士法人
https://retail-sr.com/
こんくり株式会社
https://con-cre.co.jp/

> 自己プロデュース型　　社労士×プロジェクト管理×eラーニング

# SNSで響くネーミングの秘訣。

## CASE 26　　ado

### ✓ 社労士としての私の歩み

　社労士試験は10年連続、10回受験しました。資格を取得したときの喜びは、今でも鮮明に覚えています。

　合格後、私は本業を続けながら、副業で社労士を開業するという選択をしました。日中の顧客対応が難しいため、社労士事務所向けの業務効率化支援に特化することにしたのです。私の業務効率化とプロジェクトマネジメントの経験を最大限に活かせると考えての選択でした。

　私の経歴は、主に業務効率化とプロジェクトマネジメントの分野で培われてきました。長年にわたり、企業で業務プロセスの最適化やプロジェクト管理に携わってきました。この経験を通じて、組織の効率性を高め、生産性を向上させるための知識とスキルを獲得しました。一方で、人事労務の分野にも強い関心を持つようになり、社労士の資格取得を目指しました。業務効率化の専門家としての経験と、新たに獲得した社労士としての知識を組み合わせることで、社労士業界に新しい価値を提供できると確信した瞬間は、ある種の感動すら覚えたものです。

　私は「しくみか社労士」という肩書きを名乗っているのですが、これは林雄次先生のネーミングによるものです。上記の特化した方向性を端的に表現したネーミングと自負しています。「しくみ

か」は業務のデジタル化と効率化を推進する姿勢を示し、「社労士」はこの分野における専門性と信頼性を表しています。多くの日本の企業が直面している、煩雑な事務作業や非効率的なプロセスを改善したいという願いの表れといえます。

　この「しくみか社労士」ブランドのもとで、私は社労士関係の情報発信やコミュニティ形成などのサービス提供を始めました。私の業務効率化の経験を活かし、社労士事務所が抱える独特の課題に対して、実践的かつ効果的なソリューションを提案するよう心がけています。

　また、社労士同士が情報交換や経験共有ができる場を設けることで、業界全体の底上げを図ることも目指しています。このようなコミュニティ形成と運営には、私のプロジェクトマネジメントの経験が大いに役立っています。

　さらに、社労士試験合格を目指す方々のサポートを行いたいと考え、「シャロスタ」というブランドも立ち上げました。シャロスタは「社労士」と「スタディ」を組み合わせた造語で、社労士試験の学習支援サービスを表現しています。この取組みにも大きな期待と責任を感じています。

　このように、私の社労士としての歩みは、業務効率化とプロジェクトマネジメントの経験を基盤としつつ、社労士の専門知識を組み合わせることで、新しい時代のニーズに応える形で展開してきました。従来の社労士業務にとどまらず、業界全体の効率化と発展に貢献することを目指しています。

### ✅ ブランド戦略とサービス展開

　「しくみか社労士」のブランド戦略は、主にTwitter（現X）を活用した情報発信を中心に展開しています。@ado_srのアカウントでは、社労士業界に関するさまざまな情報や個人的な見解、日々の活動などを共有しています。特に、社労士試験や業界の動

向、キャリアに関する考察などを中心に発信しており、多くのフォロワーとの交流を図っています。

　最初にいただいた仕事は、Twitter で知り合った社労士からでした。そのときは緊張しつつも、期待感で胸がいっぱいになりました。内容は給与の未払賃金の計算で、各従業員の勤怠データを整理し、本来賃金と実績賃金を計算する VBA も作成しました。新たに計算が必要な期間や人が増えても勤怠データを取り込むだけで自動計算できるようになったときには、本当に達成感がありました。

　その後も Twitter を通したご依頼が多く、上場企業のリーダー育成研修を行ったこともありました。この経験も、私にとって非常に貴重でした。

　Twitter を主な情報発信ツールとして選んだ理由は、その即時性と双方向性にあります。社労士業界の最新情報や法改正ニュースをリアルタイムで共有できますし、フォロワーからの質問や意見にも迅速に対応できます。また、ハッシュタグを活用することで特定トピックへの関心がある人々とも繋がりやすいツールといえます。

　また、定期的にオフライン交流会（オフ会）も開催し、社労士や試験合格者が直接交流できる場も提供しています。このオフ会では、特に「#合格3年以内の会」というテーマが人気で、多くの仲間との出会いがありました。また、「#開業士業オフ会」というテーマでは他士業との交流もでき、新たな視点やアイデアが得られました。これらは普段会えない方と会える、本当に貴重な機会です。

　「シャロスタ」では社労士試験対策に特化したサービスを展開しています。具体的には、オンライン学習プラットフォームやいつでも講師に相談できるサービスなどがあります。これらは私自身が感じた、「予備校では講師に相談しづらかった」という悩み

を解決するものです。24時間いつでも相談できる体制を整えているため、運営は大変ですが、やりがいがあります。

マーケティング戦略として「#シャロスタ」のハッシュタグを活用し、学習者から感想や成果報告の投稿をしてもらうことで、口コミ効果を高めています。この戦略によってサービスの認知度向上だけでなく、実際の利用者からの声を通じて信頼性を示せています。最初は数十人から始まったシャロスタですが、2024年度には200名を超える生徒数に増えました。2024年の試験後すぐ、2025年度の生徒数は200名を超え、感動しました。

このようなブランド戦略とサービス展開によって、「しくみか社労士」と「シャロスタ」は独自のポジションを確立できました。従来のサービスとは異なるアプローチを取ることで、新しい価値を提供し、多くの支持を得ていると自負しています。

今後はこれらのサービスをさらに拡充し、より多くのニーズに応えていくことを目指しています。また社労士業界の発展に寄与するため、関連企業とのコラボレーションも積極的に行う予定です。

## ✅ 副業としての社労士関連活動

私の活動は直接的な社労士業務ではなく、主に情報発信と学習支援の形で展開しています。この形態には、次のような多くのメリットがあります。本業と副業を両立でき、リスク分散ができ、本業で培ったスキルと経験を十分に活かせること、そして、両方の分野でネットワークを広げられることです。

副業として活動を行う際、最も重要なのは時間管理です。平日の夜間と週末を中心にこの副業にあてていますが、本業に支障が出ないよう、スケジュール管理には特に気を配っています。具体的には、週単位でのタスク管理を行い、優先順位を明確にします。また可能な限り作業を細分化し、短時間で完結できるタスクを作

ることで、隙間時間を有効活用しています。

　オンラインでの情報発信を中心にすることで、時間や場所の制約を受けずに活動できるような工夫もしています。例えば、寝る前にTwitterの投稿を準備したり、休日にまとめて動画コンテンツを作成したりです。

　重要なポイントは、すべてをひとりで行おうと思わないことです。それぞれ得意な人と連携し、得意な部分のみをお互いに活かせば、よい仕事ができるものです。「シャロスタ」では講師が得意な人と連携しており、私は得意な企画と運営を担当しています。チームで仕事をすることで副業でもできる仕事の幅が増え、顧客に対しても品質が高くスピーディーな対応ができます。

### ✅ 今後の展望

　今後の展望として、さらにこの分野で活動範囲を広げ、新しいサービスやコンテンツの開発に取り組んでいきたいと考えています。既に「シャロサポ」や「リーガルラボ」という新しいサービスを立ち上げています。「シャロサポ」は、社労士業務未経験者の悩み解決のため、実務に精通した社労士によるeラーニングを提供するものです。「リーガルラボ」は、企業からの労務相談に強くなるための特化したeラーニングと、月1回のリアル勉強会を開催するものです。ほかには、AIやビッグデータを活用した効率化ツールの開発、マーケティング、新しい形の学習支援サービスなどを構想中です。

　現状では、急いで独立することは考えていません。現在の副業の形態を維持しながら、着実に経験と実績を積み重ね、自分のビジネス基盤を強固なものにしていきたいと思っています。

　ここまで述べた活動を通じ、最も大切にしているのは、社労士業界全体の発展に貢献することです。個人の成功だけでなく、業界全体の底上げや職業の社会的価値の向上を目指します。そのた

め、今後も積極的に情報発信を行い、多くの人々と交流し、新しいアイデアや技術を取り入れながら未来を切り開いていきたいと思います。

## ado（あど）

2022年9月、社労士事務所を副業開業。
「社労士が必要不可欠とされる世界をつくる」をビジョンに掲げ、社会保険労務士としての活動を展開。
2023年8月より、社労士受験生や開業者を支援する「社労士のGAKKO!!」を運営

【主なサービス】

・シャロスタ：「社労士試験の対策にプラス1」の伴走支援を提供し、受験生のサポートを提供
・シャロサポ：実務経験がないけど開業したい社労士向けに、実務習得のためのeラーニングサービスを提供
・リーガルラボ：労務相談に強くなりたい社労士のために、民法を中心としたeラーニングサービスを展開

著書『行政書士・社労士・中小企業診断士 副業開業カタログ』（中央経済社、2023、共著）

| 自己プロデュース型 | 社労士×登山 |

## 山にいるときが素の私。好きを追求することで、好きに役立ち、好きが際立つ！

**CASE 27　髙木　明香**

　私は「山大好き！」な社労士です。
　運送会社の人事課出身で、特に運送業に強みを持っており、複雑な労務管理はドンとこいです。
　現在は5歳の娘を育てながら、「自分らしく笑顔で過ごす日々の尊さの体現者となる」ことをミッションに、自分の事務所を経営しています。

### ✓ 職歴は3年以上続かなかったけど、登山は10年以上継続

　短大を卒業した後、銀行窓口→製造業事務→生保営業→証券事務→人材派遣業事務→運送業人事と、10年余の間に5回の転職をしてきました。
　銀行窓口では適応障害を発症し、療養に1年近く費やしたところで、完治させたいと思い退職しました。人材派遣業事務では、仕事の成果こそ認められていたものの、会社の事業転換から、有期雇用の雇止めに遭いました。この雇止めをきっかけに、人が働くことの知識を活かして人のために役立てるであろう社労士資格に出会い、資格取得を目指すことを決めました。地元の運送会社の人事課にて実務経験を積みながら試験に合格し、独立開業をしました。
　このように、開業までの人生は、どちらかというと平坦ではあ

りませんでした。いろいろな経緯があり、転職を重ねて今がありますが、自分は一つのことを継続できないタイプなのだと自己分析をしていました。

　登山に出会ったのは、20代後半のことです。当時はmixiの全盛期で、そこで出会った仲間たちと、多い月では6回ほど山に入っていました。

　今では登山歴は10年を超え、現在は日本百名山踏破を目指していて、86座目まできており、あと5年以内に100座達成させたいと考えています。

　自分にとって、ここまで継続でき、夢中になれたことは登山だけでした。

　開業をする前から、家族からは「あすかさんは経営者向きだと思う」と言われていました。当時はピンと来ていませんでしたが、開業4年目を迎えても楽しくやっている今を顧みると、この家族の意見は的を射ていた、私には開業が合っていたんだと、改めて思います。

### ✅ 運送の2024年問題に向き合う

　Xのアカウント名にて、「山登る社労士＝髙木」ということが浸透してきたというタイミングで、「山登る社労士®」という商標登録をしました。「○○社労士」というが人の記憶に残りやすいこと、登山という趣味を大切にしていること、社労士としてときには困難なこと（＝山）も乗り越えなければならないこと、といったことからのネーミングです。商標登録により、しっかりと私の立ち位置を決めたということでもあります。

　執筆の現在、運送の2024年問題に向き合っています。
　業界では、2024年4月に施行された時間外の上限規制をきっかけに、人事・労務に真剣に向き合う運送会社が増えてきていま

す。この動きに合わせて、開業前に経験していた運送業人事課の経験が役に立つのではと、さまざまな活動を始めました。

　まず、自主開催での運送業向けオンラインセミナー、リアルセミナーをそれぞれ開催しました。また、社労士向けに運送業の労働時間管理についてのオンラインセミナーも開催しました。すると、社労士会の県会や運送業の団体からも登壇を依頼されるようになり、自主開催から始まったセミナーが広がっていったのです。この間、運送会社の顧問先が数件増えるなど、「運送に強い社労士髙木」ということが広がりつつある実感があります。

　事務所は現在、職員2名と私の3名体制です。この先1年で、この3人でのひと月の最高売上を更新することが目下の目標です。

　また、そんな中でも息抜きに登山は続け、平日の営業を職員に任せながら、月2回は山に行くことを目標として動いています。

### ✓ これからやりたい、将来のこと：古きよき登山文化を守りながら、新しい時代の登山、山小屋業界発展のサポートがしたい！

　社労士として、「人手不足の時代に、これからの登山文化・登山業界が元気になるサポートをしたい」と常々思っています。

　登山業界にも人手不足の影響で、山小屋がランチ営業をやめたり、収容人数自体を減らしたりといったことが増えています。このような動きは、登山業界にとっても、登山者にとっても死活問題です。SNSの発展もあり、登山業界の現場からの声が私のもとにも届くようになっています。

　山を守る人がいなくなると、その山域は荒れます。山が荒れると、登山の愛好者がさらに山に入れなくなります。山深い山ほど、山を守る担い手たちは少ないため、衰退も早いでしょう。そんな山を守ってくれる人たちのために、私が役に立てる「人を雇用す

る」という部分において、業界のサポートができたらと心から思っています。

　もちろん業務上の顧問先、関与先の役に立てるよう、邁進しています。関与する事業所の従業員にとって「"働く"が楽しい、"働く"が生きがい」となる、そんな組織づくりのサポートをしていきたいと常々思っています。最終的には、生きがいをもって楽しく働く大人を増やし、働く現場から、未来の担い手（子供）たちに安心して託せる日本社会を実現することが、私の最大のビジョンです。

　登山業界、関与する事業所への貢献だけでなく、私の事務所の従業員にも、"働く"が生きがいとなる場づくりの提供が欠かせません。そして、私自身が仕事を楽しむためにはメリハリも大事！……ということで、上記の目標を達成しつつも、仮に私が1週間山に籠もっても事務所が勝手に回る体制をつくることが、一番楽しみにしている最終目標です！

### ✅ 好きなこと・好きなものを探そう！　出会おう！

　開業の当初は、毎日が不安ばかりでした。

　とはいえ、不安を抱いているだけでは何も始まらないと、当時は何かと動いていました。人と会うこと、セミナーや商品コンテンツを作ること、仲間と励ましあうことなどを、積極的にしていたものです。動けば動くほど周りも同調して動き出し、お客様が増え、事業に余裕が出てきたような気がします。

　今思うと、開業間もない頃は、忙しくなるまでの助走期間だったのかもしれません。

　既に社労士である方も、まだそうではない方も、いま夢中になれることがないという方は、それを探すことをおすすめします。私は開業前から登山をしていましたが、開業してからの方が、自分にとっての登山の価値、意味、重要性が高まりました。

開業後は、やろうと思えばいくらでも、青天井で仕事できてしまうものですが、だからこそ山に入っている時間がかけがえのないものになりますし、そのために仕事に打ち込むこともできます。みなさんも、仕事を含めた人生を楽しむために、好きを追求し、人生を楽しめるよう願っています。

　社労士という資格は、どんな資格よりも無限大の可能性があると感じます。間口は狭いですが、その世界に入ってみると、活躍の方法が無数にあり、どのように行動してよいか迷うときもあるほどです。また、社労士業の魅力も数々ありますが、お客様から「ありがとう」「助かったよ」「話してよかった」という言葉を直接かけていただけることが、私にとっては日々の心のエネルギーとなっています。

　みんなで社労士業界を盛り上げ、日本の元気にみんなで貢献できたらと、心から思っています。

## 髙木　明香（たかぎ　あすか）

あすか社労士事務所代表
1984年生まれ、神奈川県相模原市出身、相模原育ちの相模原在住。
実践女子短期大学卒業後、三菱UFJ銀行に入行。金融、証券、保険業の業務を行い、その他、人材派遣会社、運送会社での就労経験がある。

社会保険労務士として開業後、運送会社の人事経験を活かし、運送業の複雑な労務管理、賃金制度設計対応も行っている。

その他、運送業を含むすべての業種に対して、組織開発のアドバイスも行う。

仕事においての目標は、『働くが楽しい、働くが生きがいとなる組織作りのサポート』を行うこと。

プライベートでは、5歳の女の子の母であり、10年以上、山登りを人生の楽しみとしている。現在も月2回程度、山に登る。

山登りにおいての目標は、『百名山踏破』で、現在は86座登頂をしている。また、山登る社労士®として、登山文化、業界を守る一助ができないか？と、実際に山と登山者を守る大切なホットラインの山小屋の労務管理についても対応を行う。

社労士資格×好きを生かしたブランディングで、プライベートも仕事においても楽しみながら、活動している。

・Xアカウント：@asukasrfp
・HP：https://ask-srfp.com/

**自己プロデュース型** **社労士×ハローワーク採用**

# 「普通の社労士」から「ハローワーク採用専門社労士」へ。

## CASE 28　五十川　将史

　私が「ハローワーク採用専門社労士」を名乗るようになるまでの道のりは、決して特別なものではありません。

　開業当初は、岐阜県可児市という人口約10万人の地方都市で、幅広い業務に対応する「普通の社労士」を目指していました。地方で開業するにあたり、特定分野に特化するよりも、町医者のように多様な業務に対応できる社労士の方が、より安定すると考えていたからです。

### ✅ ハローワーク採用への転機

　しかし、その考えが変わったのは、ある経営者から「ハローワークを活用した採用」について相談を受けたときでした。

　私は独立開業前、地元のハローワークで非常勤職員として3年弱働いていたことがありました。その経験を活かし、求人票の添削やハローワークの活用に関するアドバイスも行っていましたが、それは私にとっては当たり前の知識にすぎませんでした。ところが、その経営者の方に私のアドバイスは大変喜ばれ、感謝の言葉とともに報酬までいただいたのです。

　このとき、私にとっては些細なことである知識や経験も、他人にとっては価値あるものだと初めて実感しました。また、ハローワークで働いていた頃には、限られた時間内では経営者に十分な

サポートを提供できていなかったと反省もしました。経営者が本当に必要としているのは、もっときめ細やかなサポートであり、それこそが私が提供すべきサービスであると気づいたのです。

### ✅ 専門分野への特化

この経験がきっかけとなり、私は「ハローワーク採用」に特化した社労士としての道を進むと決意しました。

ハローワークは企業に対して無料で求人支援を行う行政機関ですが、求人票の作成や手続きが煩雑で、多くの経営者にとって負担となることが少なくありません。ほとんどの社労士事務所では、この分野に十分なサポートを提供できていなかったため、私はこのニーズに応えることに価値を見出しました。

「ハローワーク採用専門社労士」というネーミングは、私にとって大きな転機となりました。この分野に特化することで、ほかの社労士との差別化を図り、経営者からの信頼も高まりました。さらに、専門分野に特化することで、自分自身もその分野に対する知識や経験を深め、より質の高いサービスを提供できるようになりました。当初は専門分野に特化することに不安もありましたが、実際に特化したことで、逆に依頼される仕事の幅が広がり、通常の社労士業務の依頼も増えていきました。企業側から見れば、特定分野に強みを持ちながらも、社労士として基本的な業務をこなせるという信頼があったのです。

### ✅ 求人票作成は「健康診断」

私はよく「求人票の作成は健康診断のようなもの」だと話しています。健康診断が個人の健康状態を把握し、改善すべき点を見つけるのと同様に、求人票の作成も企業の現状を把握し、改善点を見つけるきっかけとなるということです。求人票を作成することで、その企業の強みや魅力を発見できるだけでなく、労働条

件や組織体制における課題も浮き彫りになります。特に、中小企業や小規模事業者にとって、求人票作成やハローワークの活用は大きな課題です。専任の採用担当者を置くことが難しいため、企業が自ら求人票を作成し、採用活動を進める必要があります。ハローワークの求人サービスは無料で提供されているため、人的リソースや経済的に制約のある企業にとって、大きな助けとなります。

ただし、ハローワークのサービスを最大限に活用するためには、企業が主体的に動き、求人票を適切に作成し、採用活動を進める必要があります。これが、私が提唱する「自社の健康診断」という考え方です。企業の現状を見直し、柔軟に改善を図ることで、効果的な採用が可能となります。

### ✓ 現在とこれからの展望

現在、「ハローワーク採用専門社労士」として、多くの中小企業に対して採用支援やセミナー・講演、書籍執筆、雑誌寄稿などを通じて、企業が自社の採用力を高めるための知識や情報を提供しています。年間70回以上のセミナーや講演を行い、受講者は累計1万人を超えました。さらに、ハローワーク採用に関する書籍を3冊出版し、雑誌連載も積極的に行っています。これらの活動を通じて、私や事務所で培ったすべてのノウハウを提供し、発信しています。

とはいえ、ハローワーク採用の活用が十分に浸透していない現状にも課題を感じています。浸透していない理由として、企業側のハローワーク採用に対する誤解や知識不足、また人的リソースの不足が挙げられます。我々社労士も、求人票の作成や支援には手間や労力がかかる一方で、収益に直結しにくいという現状があり、積極的なハローワーク採用支援を躊躇する一因となっています。

今後は、こうした課題を踏まえ、単なる知識提供にとどまらず、実践を通じて企業を支援する社労士、税理士、経営コンサルタン

トなどの士業やコンサルタントの育成にも注力していくつもりです。また、ハローワーク採用支援が社労士事務所の新たな収益の柱となる取組みにも挑戦していこうと考えています。

### ✅ 読者へのメッセージ

私が「普通の社労士」から「ハローワーク採用専門社労士」へと変わる過程は、決して特別なものではありませんでした。みなさんも、自分の強みを見つけ、それを専門分野として磨くことで、他者との差別化を図り、独自の価値を提供できるようになります。特別な経歴や経験がなくても、自分の持つ知識や経験を活かして専門分野を見出すことが可能です。

私の実体験が、自身の強みを活かし、専門分野で成功するための参考となれば幸いです。

### 五十川　将史（いかがわ　まさし）

ウエルズ社会保険労務士事務所 代表
1977年生まれ、岐阜県揖斐郡池田町出身・可児市在住
明治大学卒。
大手食品スーパー店長、民間企業の人事担当者、ハローワーク勤務を経て、社会保険労務士の資格を取得し、2014年独立。ハローワークを活用した採用支援を専門としている。商工会議所・商工会、労働局、社会保険労務士会などでの講演実績も多数あり、受講者は10,000名を超える。
著書に『ハローワーク採用の絶対法則』『人が集まる！ 求人票実例集160職種：そのまま使える文例と解説』（以上、誠文堂新光社）、『「求人票」で欲しい人材を引き寄せる 中小企業のための「ハローワーク採用」完全マニュアル』（日本実業出版社）がある。

**自己プロデュース型** 　**社労士×安全衛生**

# 「あんぜん社労士」が生まれた理由と目指す未来〜夢をあきらめない〜。

## CASE 29　竿下　延日呂

### ✓ 社労士を目指したきっかけ

　私は、大学卒業後に家業である繊維染色業の会社へ就職しました。父親が社長であり、母親が経理を行い、従業員は近所のおっちゃん（私は大阪府出身です）という、小さな町工場でした。

　一切の苦労を感じず、ぬくぬくとした環境で働いていた当時の私でしたが、そんな生活も長くは続きませんでした。一人娘が幼稚園児だった頃、大きな得意先が国内生産から撤退し、会社は大きな打撃を受けたのです。

　将来の生活に一抹の不安を感じていた当時の私は、「これをチャンスに自分を変えてやろう！」と思い立ちました。家族と相談の上、家業を退社して、雇われの身となることを決意したのです。大学を卒業して12年が経っていました。

　転職先は、家業と同じような町の染色工場でした。家族がまだ寝ている朝早くから出勤し、娘の就寝後に帰宅することが当たり前という毎日を送りました。

　重い荷物を一人で運んだり、機械に巻き込まれる危険性が十分に考えられるような作業が多く、小さなミスも決して許されないピリピリとした雰囲気の、劣悪な環境での肉体労働に従事していました。特に安全対策は後回しにされていて、私もいわゆる「赤チン災害」程度で済んではいたものの、仕事中に何度も怪我をし

たものです。重い荷物を運ぶ際にも適切な機材はなく、安全対策が取られていない作業が当たり前のように行われていました。上司に改善策を申し出ても鬱陶しがられるばかりで、私は次第に心身ともに疲弊していったのです。働くことがこれほどまでに辛いものだとは思いもしませんでした。毎朝、職場へ向かう足取りは重く、帰宅する頃には疲労困憊で何かをする気力も湧きませんでした。

誰にも相談できず、「自分を変えてやろう！」と思い立った強い決意だけでなく、自分自身すらもう少しで消えてしまいそうでした。

そんな私を救ってくれたのが、小学校に通い始めたばかりの娘の存在でした。平日は帰宅が遅く、寝顔を見るだけの日々が続いていましたが、会社が休みの日曜日には一緒に過ごす時間を心待ちにしてくれたものです。近所のスーパーへ買い物に行き、手を繋いで歩く時間が、私にとって何よりの癒しでした。娘の笑顔を見るたびに、「この子のために頑張らなければ」と思い直すことができましたし、自分自身が壊れてしまっては家族を守ることもできません。私は再び転職を決意したのです。

新たな職場は化学工場でした。「安全が全てに優先する」というスローガンが掲げられ、従業員一人ひとりの安全と健康が最優先される職場でした。適切な安全教育が行われ、従業員に危険な作業を一切させないために最新の装置が導入されていました。「安心して働ける環境」があることを知り、心から仕事に打ち込むことができました。

この会社では労働安全衛生の実務に携わることができ、この経験を通じて、私は「働く環境が人生を大きく左右する」ことを痛感しました。そして、過去の自分のように劣悪な労働環境で苦しむ人々を救いたいという思いから、社労士の資格取得を目指したのです。

## ✅ 受験生時代

　社労士試験への挑戦も、容易ではありませんでした。
　令和5年度の受験にて、本試験まで残り半年となった2月24日、私の人生を大きく揺るがす出来事が起こりました。最愛の妻がステージ4の肺がんであると告知されたのです。
　頭の中は真っ白になり、全ての希望が消え去ったように感じました。これまで共に歩んできた人生が、突然崩れ落ちるような感覚に陥ったのです。受験勉強を続ける意味すら見出せなくなり、全てを投げ出したくなりました。
　しかし、家族は逆に私を温かく支えてくれたのです。娘は「がんばったらええやん」と言ってくれましたし、病気の妻でさえ「したいことしたらええやん」と励ましてくれました。
　その言葉を胸に、今年がラストイヤーと決めて、覚悟を決めて勉強に励みました。通勤途中や職場の昼休憩はもちろんのこと、終業後は夜中まで勉強し、朝は早く起きて掃除・洗濯などの家事を済ませて仕事に向かう日々が続きました。疲れ果てて机に突っ伏すこともありましたが、家族の存在が私を奮い立たせてくれていました。
　試験当日、まさに試験中も多くの不安が頭をよぎりましたが、自分には合格して守るべき人がいると、全力を尽くしました。
　そのおかげもあってか、4回目の受験で合格を手にできました。
　妻は涙を浮かべて「おめでとう」と言ってくれました。その瞬間、これまでの苦労が全て報われた気がしました。

## ✅ 合格から開業まで

　とはいえ、社労士資格取得は当面の目標であって、最終的なゴールではありません。合格したものの、実務経験はなく、開業する方法も知らず、事務所経営についても何一つわかっていない、

まさに全くの素人でした。

　そんな迷える私に救いの手を差し伸べてくれたのは、SNS等を通じて知り合った先輩社労士の方々でした。たくさんの先輩社労士が親身になって、身の上相談に乗ってくださり、開業手続きから事務所運営のノウハウまで、丁寧に手ほどきしてくれたのです。「あなたはひとりじゃないから、困ったらいつでも連絡しておいで」と言ってくれたその言葉が、どれだけありがたかったことでしょう。

　また、同期合格者との繋がりも、大きな支えとなりました。

　同期会を主催したときには、地元の大阪だけでなく中部地方や関東地方からも、総勢26名もの同期合格者が集まってくれました。初めて顔を合わせる人も多い中、「全国の同期合格者の約1%がここにいます」と楽しい時間を過ごしたことは、とても大切な思い出です。試験勉強の苦労やこれからの不安を共有し、将来の明るい未来を話し合うことで、新たな絆が生まれました。

　孤独を感じていた経験を持つ私にとって、先輩や同期たちとの出会いは何よりも心強いものでした。今後もこれらの繋がりは一生の宝として、大切にしていきます。

### ✅ 現在の活動

　現在では、労働安全衛生に関する実務経験とあわせて、第一種衛生管理者とISO45001（労働安全衛生マネジメントシステム）審査員（補）の資格を取得しており、労働安全衛生に関して計画立案からサポートできる数少ない社労士として活動しています。

　この点をアピールするため、「あんぜん社労士®」というネーミングと、「働く大人を守ることで、未来の社会を担うこどもたちを守りたい」というスローガンを掲げています。

　開業より間もないこともあり、顧問先はまだ多くありませんが、一社一社に対して迅速かつ丁寧な対応を心掛けています。労働基

準法や労働安全衛生法に関するアドバイスはもちろんのこと、企業が抱える人事労務の課題に対しても積極的にサポートしています。その結果、顧問先のみなさまからは「対応が早くて助かる」「親身になって相談に乗ってくれる」といったお言葉をいただき、大変励みになっています。

また、労働環境や安全衛生に関する情報や自分自身の存在を広く知ってもらうべく、X（旧 Twitter）での情報発信にも力を入れています。「有益な情報をありがとう」とのメッセージを頂戴することもあり、励みになっています。

安全衛生に関する勉強会も、積極的に開催しています。

### ✅ あんぜん社労士®が目指す未来

安全衛生以外の分野にも挑戦をするつもりです。

直近では、助成金申請に関するセミナーを企画しています。企業の負担を軽減しながら労働環境を改善するサポートをしていきたいと考えています。実際、助成金を活用して、労働生産性の向上を目指した働きやすい環境づくりの提案をすることもあります。

みなさんにお伝えしたいのは、「自分の強みを見つけ、それを活かして前進してほしい。そして、決して自分の夢をあきらめないでほしい」ということです。私自身、過去の辛い経験があったからこそ、今の自分があります。劣悪な環境での苦しみでさえ決して無駄な経験ではなく、それが原動力となりましたし、諦めなかったことで新たな道を切り拓くことができました。

どんなに困難な状況でも、努力していれば必ず道は拓けます。そして、その道を歩む中で出会う人々や経験が、あなたの人生を豊かで幸せなものにしてくれるでしょう。

私も一人の社労士としてみなさんの一助となれるよう、今後も努力して参ります。

## 竿下　延日呂（さおした　のぶひろ）

M&K 社会保険労務士事務所 所長

1976年、大阪府泉大津市生まれ。京都産業大学卒業後、家業である繊維染色業に従事し、地場産業の発展やまちづくり活動に取り組む。地域住民と共に協力して開催した1,000坪の土地に約20,000本のひまわりが咲き誇った「ひまわり広場」プロジェクトでは実行委員長を務め、人と人とのご縁の大切さを深く学ぶ。

2023年社会保険労務士試験に合格。翌年、社労士事務所を開業。製造現場や化学工場で培った安全衛生に関する豊富な実務経験と知識を活かし、安全で働きやすい労働環境の整備を計画段階からサポートしている。また、「あんぜん社労士®」の商標を取得し、安全衛生の専門家として活動の幅を広げている。

また、安全衛生だけでなく、労務管理や助成金申請などに関する勉強会も積極的に開催しており、社労士仲間と共に実務能力の向上を図るグループを立ち上げている。

X：@ nov_chocolat
HP：https://saoshita-sr.com

**自己プロデュース型** | **社労士×ヨーヨー**

# エンタメとヨーヨーが繋ぐ社労士のキャリア。

## CASE 30　飯塚　知世

### ✓ 幅広いキャリアから得た視野とスキル

　私のキャリアは、一見すると一貫性がないように思われるかもしれません。社労士になって10年目の今でも、「なんで社労士をしているの？」と聞かれることがしばしばあります。

　大学卒業後、新卒で入社した通信会社での営業職からはじまり、税理士法人での税理士補助、音楽制作会社でのアーティストマネジメントとバックオフィス業務、さらには声優養成所を経てプロダクションに所属するタレント活動と、多岐にわたる職種を経験してきました。

　これらの経験は幅広い視野とスキルを得る貴重な機会となり、社労士として独立した際に大きな力となりました。異なる職種で培った知識やスキルが、私の現在の活動を支えているといっても過言ではありません。

### ✓ エンタメ業界での経験：現場とバックオフィスを両立

　特に前職の音楽制作会社は、やりたいことを尊重してくれる自由な環境で、どんどん新しい仕事を任せてくれる職場でした。関連会社にゲーム、映像、コンテンツ制作、ライブバーなどがあり、

組織を横断してさまざまなクリエイターと一緒に仕事をしていました。私は経理や人事労務管理といったバックオフィスの業務全般を担当しながら、アーティストのマネージャーとしても活動しました。マネージャーとしてライブ、レコーディングへの同行、テレビやラジオの収録などエンタメ業界の最前線で働きながら、同時に会社運営を支える裏方の業務も経験しました。さらに、私自身もプロダクションに所属するタレントとして、イベント、テレビ出演のオファーをいただくこともあるなど、一人でいくつもの業務、役割を担っていました。あらゆる側面でエンタメの世界を経験したことが、私の視野を広げ、業界全体を深く理解することに繋がりました。

### ✅ エンタメ社労士への道：人事労務管理に対する関心

　エンタメ業界での経験を積む中で、「人」に関わる業務、特に人事・労務管理に強い関心を持つようになりました。

　エンタメ業界やクリエイティブ職では長時間労働が常態化し、仕事に対してやりがいを感じていても、結婚、出産、育児、介護といったライフステージの変化や、体調を崩してしまったことによって仕事を続けられなくなるという現実を目の当たりにしました。また、適切な労務管理が行われておらず、ハラスメントや過労といった問題も少なくありませんでした。働き続けられる環境、働きやすい環境を整備することの必要性を感じていました。

　これらの業務をしっかりとサポートするためには、体系的な知識が必要だと考え、社労士資格の取得を目指し、2回の受験を経て、2014年に合格できました。

　社労士としてまず私が行ったことは、当時はまだ珍しかった、ITやクラウドツールを活用した人事・労務管理のDX化の提案です。ペーパーレス化やリモート対応を通じて、柔軟な働き方を実現できるようサポートすることで、エンタメ業界における働く

環境をよりよいものにしていきたいと考えたからです。エンタメ業界での現場経験と社労士としての知識が融合することで、私はエンタメ業界特有の人事・労務管理ニーズに対応できる専門家としての第一歩を踏み出しました。

さらに、2024年にはエンタメ業界支援に特化した士業グループを結成し、弁護士、弁理士、税理士、行政書士、司法書士と連携してチーム体制でのサポートを行っています。

### ✅ ヨーヨーパフォーマーとしての活動と社労士業務の融合

もう一つの私の重要なキャリア要素が、ヨーヨーです。

子供の頃に始めた趣味が高じて、玩具メーカーのバンダイが主催する全国大会での優勝を皮切りに、アジア大会や世界大会への出場、テレビや映画、イベント出演、さらにはヨーヨーの大会で知り合ったヨーヨープレイヤーである夫との結婚といった形で、私の人生に大きな影響を与え続けています。

私は「ヨーヨー社労士®」という商標を登録し、自分を商品化するという考え方でセルフブランディングに取り組んでいます。私自身の名前は知らなくても、「ヨーヨー社労士」は知っていると言われることも少なくありません。

ヨーヨーや声優養成所で培った、人前で話すことやパフォーマンスのスキルは、セミナー講師の依頼があった際、大いに役立っています。これまで連合会、東京都社労士会、明治大学リバティアカデミーなどで登壇してきましたが、聞き取りやすい、わかりやすいなどと好評をいただけました。

さらに、2022年11月には横浜に「ヨーヨーショップやうやう」という実店舗を立ち上げ、ヨーヨーの普及活動に取り組んでいます。ヨーヨーを販売するだけでなく、体験会やスクールを開催するなど、交流の場も提供しています。特に、子供たちや家族が楽しめる場所を作ることを目指しており、ヨーヨー文化の浸透

に貢献したいと思っています。おかげさまで、地域の方のみならず、遠方や海外からもたくさんのご来店があります。

　店舗運営と社労士の両立は大変ですが、社労士業務だけでは得られなかった新しい経験ができていることは、大きなメリットです。

### ✅ 自由な発想で個性を活かす社労士の道

　社労士として活動を続けていくには、知識の習得だけでなく、自分自身をよく知り、分析することが不可欠です。私にとってのヨーヨーのように、社労士業務とは直接関係がないように見える経験でも、それが強力な武器となることがあります。どんな経験も無駄にはならないのです。

　「社労士はこうあるべき」という型にはまる必要はありません。自由な発想で自分の個性を活かすことが、独自の価値を提供する社労士になるためのカギだと思います。

　この原稿が、みなさんが自分らしいキャリアを築き、前途洋々たる未来に向けた一歩を踏み出すきっかけになれば幸いです。

**飯塚　知世**（いいづか　ともよ）

スピカ社会保険労務士事務所代表
大学卒業後、通信会社営業職、税理士法人での税理士補助、音楽制作会社にてアーティストマネジメント、バックオフィス業務全般に従事し、2017年にエンタメ業界に特化した社会保険労務士として独立。ITやクラウドツールを活用した人事労務管理のDX化支援に力を入れ、エンタメ業界の働きやすい環境づくりをサポート。2020年、2021年、2022年全日本ヨーヨー選手権大会 Women's Freestyle 部門優勝。2022年に横浜に「ヨーヨーショップやうやう」を立ち上げ、ヨーヨーの普及活動に取り組んでいる。【ヨーヨー社労士®】としてメディア出演等、幅広く活動中。

●編著者●
林　雄次

［○○○×社労士］というスタイルが最高な理由30
令和7年3月1日　初版発行

〒101-0032
東京都千代田区岩本町1丁目2番19号
https://www.horei.co.jp/

| 検印省略 | | |
|---|---|---|
| 編著者 | 林 | 雄次 |
| 発行者 | 青木 | 鉱太 |
| 編集者 | 岩倉 | 春光 |
| 印刷所 | 日本ハイコム | |
| 製本所 | 国宝社 | |

（営　業）　TEL　03-6858-6967　　Eメール　syuppan@horei.co.jp
（通　販）　TEL　03-6858-6966　　Eメール　book.order@horei.co.jp
（編　集）　FAX　03-6858-6957　　Eメール　tankoubon@horei.co.jp

（オンラインショップ）　https://www.horei.co.jp/iec/
（お詫びと訂正）　https://www.horei.co.jp/book/owabi.shtml
（書籍の追加情報）　https://www.horei.co.jp/book/osirasebook.shtml

※万一、本書の内容に誤記等が判明した場合には、上記「お詫びと訂正」に最新情報を掲載しております。ホームページに掲載されていない内容につきましては、FAXまたはEメールで編集までお問合せください。

・乱丁、落丁本は直接弊社出版部へお送りくださればお取替えいたします。
・JCOPY〈出版者著作権管理機構　委託出版物〉
本書の無断複製は著作権法上での例外を除き禁じられています。複製される場合は、そのつど事前に、出版者著作権管理機構（電話 03-5244-5088、FAX 03-5244-5089、e-mail：info@jcopy.or.jp）の許諾を得てください。また、本書を代行業者等の第三者に依頼してスキャンやデジタル化することは、たとえ個人や家庭内での利用であっても一切認められておりません。

© Y. Hayashi 2025. Printed in JAPAN
ISBN 978-4-539-73083-6

「労働・社会保険の手続き＋関係税務」「人事労務の法律実務」を中心に，企業の労務，総務，人事部門が押さえておくべき最新情報をご提供する月刊誌です。

## ビジネスガイド

### 開業社会保険労務士専門誌 SR

開業社会保険労務士のため，最新の法改正やビジネスの潮流をとらえ，それらを「いかにビジネスにつなげるか」について追究する季刊誌です。

https://www.horei.co.jp/bg/
https://www.horei.co.jp/sr

# 便利でお得な 定期購読のご案内

## 定期購読会員（※1）の特典

- **￥0 送料無料で確実に最新号が手元に届く！**（配達事情により遅れる場合があります）

- **少しだけ安く購読できる！**
  - ビジネスガイド定期購読（1年12冊）の場合：1冊当たり約155円割引
  - ビジネスガイド定期購読（2年24冊）の場合：1冊当たり約260円割引
  - SR定期購読（1年4冊（※2））の場合：1冊当たり約410円割引

- **会員専用サイトを利用できる！**
  サイトでは，最新号の全記事の閲覧，バックナンバーの記事タイトル検索などがご利用いただけます。

- **割引価格でセミナーを受講できる！**

- **割引価格で書籍やDVD等の弊社商品を購入できる！**

## 定期購読のお申込み方法

**振込用紙に必要事項を記入して郵便局で購読料金を振り込むだけで，手続きは完了します！**
**まずは雑誌定期購読担当【☎03-6858-6960／✉kaiin@horei.co.jp】にご連絡ください！**

1. 雑誌定期購読担当より専用振込用紙をお送りします。振込用紙に，①ご住所，②ご氏名（企業の場合は会社名および部署名），③お電話番号，④ご希望の雑誌ならびに開始号，⑤購読料金（ビジネスガイド1年12冊：12,650円，ビジネスガイド2年24冊：22,770円，SR1年4冊：5,830円）をご記入ください。

2. ご記入いただいた金額を郵便局にてお振り込みください。

3. ご指定号より発送いたします。

（※1）定期購読会員とは，弊社に直接1年（または2年）の定期購読をお申し込みいただいた方をいいます。開始号はお客様のご指定号となりますが，バックナンバーから開始をご希望になる場合は，品切れの場合があるため，あらかじめ雑誌定期購読担当までご確認ください。なお，バックナンバーのみの定期購読はできません。

（※2）原則として，2・5・8・11月の5日発行です。

■ 定期購読に関するお問い合わせは…
日本法令 雑誌定期購読会員担当【☎03-6858-6960／✉kaiin@horei.co.jp】まで！